草木染 日本の縞《しま》

日本に伝わる多彩な縞模様の魅力を知る

1980年発刊『草木染　日本の縞』原版

新装版にあたり

『草木染　日本の縞』は、美術出版社から1980年（昭和55年）に限定1200部の本として出版されたもので、故父・青樹が厳選した50種の縞織物の現物が貼り込まれ、経糸、緯糸の羽数や染色方法も詳しく記載されています。四半世紀の歳月が経ちましたが、本に貼り付けた染織布は、現在でも美しく、深みのある色の手織縞です。私もこの本を手本にして、縞の作品制作をしています。このたび、『草木染　日本の縞』の新装版を出版できることになり、美術出版社に深く感謝しております。

1929年、小説家であった祖父・山崎斌《あきら》は、郷里の長野県で養蚕不況の対策として、副蚕糸を植物染料で染め、手機による織物を復興する運動を始めました。翌年、東京・銀座、資生堂にて「草木染信濃地織復興展覧会」を開催した時に、化学合成染料と区別するために、天然染料による染色を「草木染」と命名しました。

1933年、最初の研究成果として、草木染の絹糸が貼り込まれている限定版『日本固有草木染色譜』を発刊。草木染復興運動の集大成として、1958年、絹布が貼り込まれている限定版『草木染百色鑑』。1959年、染織布が貼り込まれている限定版『草木染手織抄』、1961年、絹糸が貼り込まれている限定版『日本草木染譜』を発刊しています。

祖父の草木染手織紬復興運動の原点は縞手本にあったことを、著書『草木染』（文藝春秋社刊・1957年）から読み取れます。「母の縞手本を手にしてみてゐると、……私がいま、染織に寄せてゐる關心もが、母の血に、それから少年の心に映った養家での影響に、深い係はりがあることが思はれて來るのだつた。」 大正時代までは、母親が家族のために手織をするのは普通のことで、その織の技法は親から子へ連綿と織りつがれてきました。この歴史の積み重ねが、縞物の切れ端を集めて貼り並べた縞帳、縞手本なのです。

父・青樹も1945年から復興運動に参加し、染、織の技法を研究し、35年間かけた成果がこの『草木染　日本の縞』です。日本の縞のデザインの素晴らしさと草木染の色との調和の美しさを、是非、紐といていただきたいと思っています。

2014年1月

草木染研究所柿生工房（草木工房）

山崎　和樹

目次

凡例

1 縞の名には、すべて振仮名をつけたが、読み方が幾通りもあるものは、古い読み方に従った。また深紫などはふかきとこきの読み方があるが、すべてふかきに統一した。従ってこきという場合は濃紫などという場合だけにした。

2 引用した古典文学は『日本古典文学大系』(岩波書店刊)によった。また染料植物の解説は『牧野新日本植物図鑑』(北隆館刊)、『図説熱帯植物集成』(渡辺清彦編著・広川書店刊)などを参考にして記した。

3 引用文は原文通りにしたが、なかには漢文を和文に直したものもある。

4 掲載した織帛に使用した糸は、特に記した他は、すべて経糸は座繰の生糸60デニール3本撚りを用い、緯糸は繭から農家で座繰した節糸150〜200デニール2本撚りの糸を使用した。すべて灰汁練りした糸である。

5 染材の所要量は便宜上記したが、あくまでも基準であって、染材に含まれている色素などは、土地によっても、季節によっても変わってくる。

6 染材は特に記した以外は、乾燥して保存したもので、それを細刻して用いた。

7 水量についてもこれは基準である。糸染の場合の水量は多くした方がよい。

8 仕上げの水洗は特に充分にする。酸が残っていたりすると後日変色する場合がある。

9 第3章の挿画は山崎青樹による。コチニールは角山幸洋の写真、こうき・ボルネオてつぼくは渡辺清彦編著『図説熱帯植物集成』の挿図、からだいおうは『牧野新日本植物図鑑』の挿図、ミロバランは後藤捷一著『日本染織譜』の写真をもとにして描いたものである。

序章

縞の歴史

織物の誕生とともに
古代から連綿と
織りつがれてきたデザイン

縞の定義は二色以上の糸を経《たて》と緯《よこ》、または経緯に一定または不定の間隔をもって織り込んでいった経縞（竪縞、縦縞）、緯縞（横縞）、経緯縞（竪横縞、格子縞）をいうが、さらに織の組織の変化により、型染などで作られた蛇線によるよろけ縞や斜線による斜縞などができた。また縞のなかや格子の空間に文字や花模様などの入ったものも縞、格子といい、さらに細かい模様が縞状に並んだものも縞と呼ばれた。

縞の字の本来の意味は白絹《しろぎぬ》で、精白の繪《かとり》、精錬した練絹のことであり、縞衣《こうい》などといわれているもので、いわゆるしまではない。中国でしまに当たる字は柳条《りゅうじょう》、条布などが用いられている。しまという言葉は近世になって南蛮船によって南方の筋模様の織物が渡来されるようになったとき、これを島物とか島布また島渡りのものという意味で、つけられたものであるが、そのしまに対して縞の文字があてられたのは江戸後期からである。

縄文中期（B.C.3000–B.C.2000）の新潟県大貝遺跡で発見された土器に布目の圧痕があり、すでに東国でも織物が織られていたことは推定されるが、当時の織物の繊維は、梼《かじのき》、楮《こうぞ》、科《しな》の木、山藤、へらのき、あつし、葛《くず》、大麻《たいま》、苧麻《ちょま》、いらくさなどの植物繊維であった。

縄文初期の福井県三方郡古墳より釣り針についていた撚り糸が出土していて、この繊維を布目順郎《ぬのめじゅんろう》氏がしらべた結果、木綿《ゆう》であったといわれた。木綿は楮の繊維であり、それで織った織物は後代の太布《たふ》である。また縄文晩期の青森県弘前市の遺跡からは梼の実が出土している。梼はビルマ地方の原産であるが、当時すでに青森県まで渡来していたことが実証された。

3世紀に九州から出土した鏡の紐もやはり木綿であるし、4世紀の九州からは葛布《くずふ》が出土している。また神戸市桜ヶ丘古墳出土の銅鐸には大麻の布がついていたという。

これらの織物が縞に織られていたかどうかわからないが、種々な繊維を混ぜて織ったことも考えられるので、必然的に縞のようなものになったことは想像される。

弥生時代（B.C.300–A.D.300）になると、いくつかの織物の遺品がみられる。長崎県の景華園遺跡から出土した甕棺《かめかん》の底部に付着していた布片、福岡県の須玖《すぐ》岡本遺跡より出土の九曜文鈕座《くようもんちゅうざ》の鏡面に付着した布片、静岡県の登呂遺跡より出土した炭化した布片などはなんの繊維で織られたか判別できないが、下関市の綾羅木《あやらぎ》遺跡より出土の鋸歯文壺《きょしもんつぼ》の下部に付着した布片は苧麻であり、飯塚市の立岩《たていわ》遺跡の出土の鉇《なた》には絹布が巻かれており、すべて平織である。

『魏志倭人伝』には「禾稲・紵麻を種え、蚕桑緝績し、細紵、縑緜を出だす」とあり、3世紀の日本では相当量の絹布や細い良質の麻布が織られていたことが知れる。

同書には景初二年（A.D.238）に卑弥呼が生口《せいこう》とともに「斑布二匹二丈」を献じていることが記され、また正始四年（A.D.243）には

「倭錦《やまとにしき》　絳青縑《こうせいけん》　緜衣《めんい》　皁布《はくふ》」その他を献じている。

また泰初二年（A.D.266）には壱与《いよ》が他のものとともに「異文雑錦二十匹」を献じている。

この斑布《はんぷ》、倭錦、異文雑錦《いもんざっきん》についてはいろいろな説があるが、当時の日本の織の技術を考えた場合、これらはすべて異名同種であって、経縞もしくは経絣のようなものであったと思える。錦という語が丹白黄《にしき》のように二色以上の先染めの糸で文様を織り出した織物の総称といわれることからも推測できる。倭錦が絳青縑の上位に記されていることからも（絳青縑は赤と青の絹布のことなので）、倭錦は当時としては高度な織物であり、絹糸を用いて織られたものであろう。古墳時代にはすでに絹織は盛んであり、各地の古墳から絹織物の残片が見つかっていることからも当然と考えられる。

正倉院に伝わる雑色織裂《ぞうしきおりぎれ》は、黄茶色の糸2本～4本の中に白、赤、紫、縹《はなだ》、橙《だいたい》などの糸をつないだものを1本ずつ入れた経縞で、緯糸は黄緑糸で織ってある。経糸も緯糸も同じくらいの太い糸を用いているので、色糸の筋は1本にもかかわらず相当はっきりした縞を表わしている（1図）。この雑色織裂のような織物が、古墳時代の織物のなかにもあったと

1図　雑色織裂

思われるが、この裂の経は太い糸を用いた荒い経立であるのに対して、古墳時代の織物には非常に細かい経立の多いことを考えると、法隆寺に伝来した一群の広東錦といわれる経絣、また正倉院に伝わる紫地また赤地の絣裂（広東錦）をみる時、あるいはこのような経絣が日本でもつくられた可能性も考えられる。

それが『魏志倭人伝』の斑布、倭錦、異文雑錦であったのではなかろうかと推測するのである。

『日本書記』に記される倭文《しずり》または倭文布は「しどり」ともいうが、「しずおり」、筋織から転じた語といわれる。本居宣長《もとおりのりなが》の『出雲国造神寿後釈』に「古へのよき布にて、筋を織たる物也。志豆《しず》とは、すなわち須遅《すじ》といふことなるべし、今いう嶋織也」とあり、加茂真淵《かものまぶち》、新井白石《あらいはくせき》、平田篤胤《ひらたあつたね》などもすべて「斯豆は筋なり」といっている。『釈日本紀』の「青筋文之布」からきた解釈である。

西村兵部《にしむらひょうぶ》氏は『服飾大百科事典』の倭文のなかで「萬葉集には、倭文幡《しずはた》の帯（倭文機帯《しずはたおび》）がしばしば詠まれているが、これは綺《かんばた》といわれる細幅の横段織物をさすと考えられる。『神代紀下巻《じんだいき》』によると、建葉槌命《たてはっちのみこと》を倭文の神となし、『古語拾遺《こごしゅうい》』では天羽槌雄命《あまのはつちおのみこと》を倭文の遠祖となし、文布を織ると記される。

文布は具象的な模様を織り出した麻布を意味するのではなく、筋織ふうのものをいい、『魏志倭人伝』のいう斑布、すなわち一色の布面に色糸の混じるものと同じと考えられる。『常陸風土記に』は、久慈郡の条に「郡の西十里に静織《しどり》の里あり、上古の時、綾《しず》を織る機を知る人あらざりき、時に、この村にはじめて織りき」とある。この静織すなわち倭文が綾織《あやおり》というが、織物組織の綾を意味するのではなく、文織《あやおり》の意であり、先の文布に相当する。

『延喜式《えんぎしき》』によれば伊勢大神宮の神宝21種のうちに倭文1丈2尺が記され、また同書主計上によれば、倭文は駿河より31端を納めていたことが知られる。倭文は祭礼の料として残されたのであって、その後は文献に現われず、ただ回想的に和歌に詠みこまれているにすぎないという。

『日本書紀』にある綺《かんばた》は細幅の横段の織物で、『萬葉集』の倭文幡の帯のように帯などに使用されたものであろう。正倉院に伝わる紫地縞文裂は綺とされている。

『延喜式』に「綺一丈長五丈広三分、糸五両、長功日六人、中功日八人、短功日十人」とあり、また『国宝珍宝帳』には書巻の帯として「綺帯」の称があることからの推定である。

正倉院のものは、一つは幅約6cmの細幅のもので平織の織物、経は赤糸を用いて、緯糸は縹《はなだ》と赤の色糸を撚り合わせた糸を8本ほど織り、地糸として、白と縹、赤と茶、白と縹の撚り合わせた糸を2本ずつ織って横縞にしているが、一縞おきに赤と茶の糸は紫と黄の糸にかえている。2本の色糸を撚り合わせているので絣風に見えるもの（11ページ2図）。

もう一つの方は幅約6.5cmのもので、経糸は浅紅、緯糸は地糸に紫を8本ほど織り、縞は緑と赤の撚り合わせ糸を2本、紫と黄2本、紫と水色4本を織って横筋にし、地の糸を8本織り、紫と白茶を2本、紫と緑を4本織ってあり、これの繰り返しである。

これは後代のものであるが、このようなものが古墳時代に作られていた可能性は考えられる。

古墳時代の布の残片は、ほとんどが鏡、刀剣、短甲、挂甲《けいこう》などの金属製品に銹着して残っていただけであり、それも発掘時の調査結果であって、現在（当時）目にした場合発掘後の風化がはげしく、ほとんどのものがかすかにあとをとどめるだけにすぎない。昨年（当時）月の輪古墳を訪ねて見てその感を新たにしたのである。群馬県の古墳群の調査に立ち合った人の話では、多くの古墳から発掘時には布類は見られるのであるが、古墳を開けるととも

2図　紫地縞文裂（綺）

にそれらは粉末になって消滅してしまうという。風と共に去りぬであった。

角山幸洋《つのやまゆきひろ》氏の『日本染色発達史』のなかで「この織り物は、一般的には平織り組織が圧倒的に多いが、錦綾《にしきあや》や特殊な織り物組織もみられる。まず4世紀ごろの出土品は、ほとんど平織りの組織からなり、密度は種々あって一定の傾向はないが、経密度がいつも緯密度より多い経地合《たてじあい》のタイプである。天理市天神山古墳、桜井市茶臼山古墳、大阪府黄金塚古墳では、いずれも数種類のものがみられるが、密度は経32～80本、緯14～35本（単位1cm間）のバラツキのある平織り組織であった。兵庫県西野山三号墳、栃木県八幡塚古墳出土のものは、織維が太く密度が少ないもので、中央との間に地域差のあったことが認められる。

これが5世紀ごろには別の機法によるものが現れてくる。まず筬《おさ》が取り入れられたことで、堺市大塚山古墳のものには、筬目のついた薄い絹帛《けんぱく》があり、経糸が2本ごと吹き寄せられて紗のような外観をしている。同様な機法によるものは、和歌山市天王塚古墳出土の挂甲小札《こざね》に付着するもの、時期は下るが人吉市才園《さいぞの》古墳、大阪市富木《とのき》車塚古墳からも出土している。（中略）また五條市猫塚古墳の籠手《こて》付着片は、経118本、緯15本くらいの経密度が非常にこんだ平織りであったが、織維断面から青、赤の色相が検出されている。現在は銹着しているので外観から色はわからないが、組織が経地合であることからすると、縦縞か経絣の類ではなかったかと推定される」と記す。

5世紀前期の岡山の月の輪古墳の絹布については現在ではまったく調べることのできないくらいに破損しているが、発掘時の調査記録である月の輪古墳のなかに太田英蔵《おおたえいぞう》氏は「月の輪古墳から出た遺物から採取した資料は300点をはるかに越えたが、同じ器物に付着する同似のものをまとめると80種ほどに絞ることができた。採取しえたものはいずれも絹で、麻布らしいものは見当たらなかった。これらの絹帛は独立した布帛製品としてではなく、いずれも刀剣、鏡、短甲などに付着したものばかりであった。（中略）絹帛はいずれも平織であり、多くの資料から80種ほどにまとめることができた。疎いものは1cm間14本、緯糸14越の絹で、密なものは経糸127本であり、この間種々な密度のものが網羅されている。（中略）80種に近い月の輪の出土の絹帛のなかに筬筋の痕跡をとどめるものはないとすれば、筬で緯打して織られていなかったことを認めねばなるまい。富木の車塚から出た絹帛はわずか10種たらずの品種であるにかかわらず、明らかに筬筋が認められるのである。そして絹帛の構成や用糸の画一性などからみると、月の輪のような発展期（前期Ⅱ・Ⅲ）古墳から出たものと後期古墳から出たものとは、かなり大きな技術変革のあったことが認められる」と述べている。

また同書に布目順郎氏は「本調査に使用した織物の殆どは鉄製品に附着しているか、或いはもと附着していたと思われる遊離片であるのでその色合も黄褐、灰褐、紫褐、黒褐等が殆どであったのは当然と思われる。これらの繊維の断面の色は浅黄、黄、橙黄、黄褐、褐、黒褐等であって、SUMP板上に厚く附着したものほど濃色を呈した。しかるにNo.18の平絹はその表面が黒褐色であるにも拘らずSUMP板上に黄、赤、緑、青、褐等の色彩をもった断面があらわれた」と記す。それについて布目氏は「それらの配列は結局はっきりしなかったが、他のいくつかの古墳でも青や赤などは検出されている。月の輪の場合、緑があったと云う事は珍しかった」といわれている。

5世紀前期までの織物は筬を用いていなかったことによって経糸の本数の多さもわかるわけで、この経糸のこんだ、また緯糸の荒い織物ということは、緯糸は布の面にあらわれないわけで、これら古墳時代の織物の縞を考える時、主として経縞または経絣のようなものであったことは想像できる。

緯縞は経に細い糸を用いるか、または荒い組織で織るしかないと緯縞は出ないので、筬を用いずに織ることはむずかしく、おそらく筬を使用した5世紀以降であったと思われる。しかし仁徳陵出土の鏡に付着していた2枚の布は、明らかに筬を使用して織った織物である。

このようなことを調べてみると古墳時代に多色の色糸を用いた経縞また経絣がどうしても存在していたと思えるのである。

奈良で発掘された高松塚古墳は古代の服色を知る上で重大な発見であった。古墳の被葬者が誰か不明なのでその年代ははっきりしないが、7世紀後期から8世紀前期であろうといわれている。その服色が養老衣服令にほぼ一致することから、女人がまとっている裳《も》は衣服令のなかの蘇方《すおう》浅紫深浅緑纈裙《ゆはたのも》、また緑縹纈紕裙とあるものと思えるが、壁画では黒筋で画した経縞に描かれており、それが織による経縞か、衣服令にあるように纈《けち》（臈纈《ろうけち》、夾纈《きょうけち》、纐纈《こうけち》）による経縞模様かは今のところ判断できない。この纈の解釈の仕方によるわけであるが、仮に織の経縞であるとしても不自然ではない。今まで記したように古墳時代には経縞が織られていたことはたしかと思われるからである。

半島及び大陸との交流、戦乱を避けての帰化人達によって織の技術は非常な進歩をとげ、飛鳥時代以後目を瞠《みは》るような多彩な錦や綾などの高級織物が国産されるようになると、在来の縞織物は上流階級の間では使用されなくなったものと思われる。

法隆寺献納宝物や正倉院に伝わるぼう大な染織品のなかには縞織物とはっきりいえるものはほとんどない。しかし経縞に文様を織り出した経錦の長斑錦《ちょうはんきん》や、緯錦の暈繝錦《うげんにしき》などに縞は生きていた。

正倉院に伝わる獅噛文《しかみもん》長斑錦、双凰連珠文《れんじゅもん》長斑錦、山岳花文長斑錦、目交文暈繝錦、七曜四菱文暈繝錦（14ページ3図）などで、経錦、また緯錦であるが、すべて数色の色糸で経縞また緯縞にし、その縞のなかに文様を織り出したものである。なかで珍しいのは目交文暈繝錦で、縹、緑、白、黄、紅の濃淡を1cmほどの経縞にして、そのなかに小さい目交文その他を織り出した経錦であるが、濃紅、縹、緑の部分だけが千筋のような細い縞立になっている（15ページ4図）。

珍しいといえば、正倉院に伝わる雑色織裂は網代縞のようなもので、経糸は緑または紫の糸と細い浅緑糸を一本おきに並べ、緯糸は紫の細糸と白の太糸を交互に織ったもので、紫と白の筋の両子持格子を織り上げている（15ページ5図）。また同じ甃文《いしだたみ》雑色織裂は経緯とも赤と黄の糸を用いて網代で石畳に織ってある。経緯とも太い撚り糸を用いているが、文様の境目には白糸を2本入れてある（16ページ6図）。これらは明らかに縞織物であるが、このような例は、飛鳥奈良時代を通じて他に類を見ないものである。

法隆寺献納宝物である白地に山形文を、縹、茶、緑、白茶、紫、薄紅の七色の緯糸で浮かせた広東錦褥があるが、正倉院に伝わる赤地山菱文錦も同じ様式で、赤の経に、緑、水色、黄、赤、の四色の緯糸で山形と菱文を浮織している（17ページ7図）。

これらは浮織があたかも経縞に見えるので横段と一緒になって格子縞を表している。

また法隆寺献納宝物のなかに甃花文錦幡頭《いしだたみかもんにしきばんとう》があるが、これは赤白浅緑の小格子のなかに花紋を織った緯錦である。正倉院にある霰地《あられじ》花文錦も同じ緯錦で細かい弁慶格子のなかに花文を織り出している（17ページ8図）。

また正倉院に伝わる纐纈布には斜格子のなかに十字形を配した藍染の黄地甃文纐纈絁、幅12cmぐらいの太い白い縞を斜めに絞った

3図　七曜四菱文暈繝錦

左： 4図　目交文暈繝錦
右： 5図　雑色織裂

6図　甃文雑色織裂

上：7図　赤地山菱文錦
下：8図　霰地花文錦

掲載図はすべて正倉院宝物

赤染の赤地縞文纐纈布、また藍染の大きな斜格子などがあるが、このような縞を絞りで染めたということを考えると、当時も経縞また格子縞が織られていた実証ともいえるのである。また衣服令にある條帶《たみのおび》は、法隆寺献納宝物また正倉院に伝えられたもののなかにある条帯《くみおび》と同じものと思えるが、多色の色糸を用いて斜めに格子に組んだ細い帯である。それは平織と同じ組織になっていることからも当時このような格子縞が織物としてもあったと推測される。

一般庶民の生活では縞はつくられ、そして着られていたものである。ただそれが消耗品であったことからすべて消滅してしまい遺品としては残されなかっただけと推定してもよいと思われる。

平安時代の染織品の遺品は実に少なく、当時の装束に関しては文献や絵巻などによるより仕方ないが、やはり庶民の間では縞は着られていたものと思うが、上流社会では用いられなかったようである。平安後期から鎌倉にかけて武士の間では鎧直垂《よろいひたたれ》などに格子は用いられ、また女房装束の表着《うわぎ》などには用いられている。

鎌倉期の文献には「青筋懸丁直垂」(『吾妻鏡』)「細筋直垂」(『太平記』)「小筋直垂」(『梅松論』)「格子直垂」(『太平記』、『平家物語』)などの言葉があり、すべて筋または格子と記されている。

また織筋という言葉もあるが、これは正式のものとして扱われていることからも幅広の横筋であったと思われる。『守貞漫稿《もりさだまんこう》』には「昔ノ織筋(縞)ハ横ヲ専トシテ又大筋多シ」とある。

山辺知行《やまのべともゆき》氏は日本芸術選書『縞』のなかに「平安時代から鎌倉時代にかけて絵巻物を見ると、予想外に多くの場面で縞(横縞)や格子が用いられているのを見る。然しその使用者はほとんどが身分の低い地下の役人や家人従者や庶民の階級で、中に貴族たちの用いている場合もあるがそのすべてがいわゆる内々の褻《け》の装束で表立ったものではない。男のものでいえば狩衣《かりぎぬ》、水干《すいかん》、女のものでは格子の袿《うちき》に裳《も》をつけている例が『春日験記』のなかにみられる。同じ場面で貴族の子供が家の中で格子模様の袖細の小袖を着ているが、多くは召使いの女たちの小袖などに用いられている。『信貴山《しぎさん》縁起《えんぎ》』の二巻目延喜加治の巻でも加持《かじ》の僧に従う童形の従者が格子の水干様のものを着ている。その他身分の低い警護の役人である随身の褐衣《かちえ》の袴や、家人の狩衣、水干などにも格子のものがかなりみられる。庶民の服飾における縞と格子は非常に多く、『伴大納言絵詞』の応天門の火事見物の群集のなかにも衣や袴に格子があるし、『信貴山縁起』の尼君の巻の従者は大小の横縞の袴をつけている。

鎌倉期の絵巻物で『聖僧伝』のような庶民の姿の多く描かれたものに特に男の袴、直垂、女の衣や被衣《かずき》などに横縞と格子が目立って多い。文献では『源平盛衰記』の関寺合戦のところで今井四郎兼平の妹で勇婦の誉れ高き巴御前が「紫格子を織りつけたる直垂に菊綴しげくして」を着ている。

平安、鎌倉期を通じて縞、格子というものが上代裂に見られた各種の染織技術による豪華なものから、貴族の平常着、下級の雇庸者である家人や従者、一般庶民の衣料を対象としたものになっていったことは、一方からみるとそれが下の方へ押し下げられて昔日の華やかさを失ってしまったように思われるが、他面、それは大陸風な羈絆《きはん》を脱して、そのもの本来の素朴な姿へたち戻ったとも云えるのではないであろうか。そしてそれは縞というものがその後も長く持ち続けて来た庶民性というものの根幹をなし、新しく中世後期に第二次の外来染織品——金襴、緞子等と共に——の一つとして導入された間道をはじめ南方系の木綿の経縞物をきわめてすなおに受け入れ、これを発展させて、近世日本の縞への見事な発展をとげる素地をなしたということができるのではないであろうか」と記している。

室町時代から江戸初期にかけて大きな横縞や格子縞が最も多く用いられているが、特に格子は男性の衣類の柄として愛好されたようである。

素袍《すおう》や裃《かみしも》の熨斗目《のしめ》や、能装束の熨斗目、厚板には格子の柄が非常に多い。赤、橙、黄、緑、縹、紺、それに茶系統の色を用いた非常に華麗なそして複雑な格子が多く織られている。

室町時代に中国南部より渡来した間道類が、日本の縞織物に与えた影響は大きい。その思いきった縞の構成、豊富な色相、洗練された美意識に、当時の日本人はあこがれ、いつの時代でもそうであったように、これらの間道の模織が、ただちにつくられるようになったものと思える。すなわち間道はすぐ日本の縞になってしまったのである。

間道は主として絹織物であったが、つづいて室町後期から桃山時代にかけて、南方より貿易船によって渡来した、いわゆる島渡りの縞類、サントメ嶋、ジャガタラ嶋、セーラス嶋、ベンガラ嶋などの与えた影響も大きかった。これらは主として綿糸によるものであって、綿糸の普及とともに、近世での日本の縞の隆盛をみるのである。

『倭漢三才図会《わかんさんさいずえ》』には「桟留縞《さんとめしま》は和より出ずるものを京柳条《しま》と名づく。真なる物に似ず」また「錫蘭山《せーらーす》縞また京より出ず、佳品ならず」とある。それまで筋の文字を用いた縞は、これより嶋、島の字を用いることになる。遠い南方の島から渡来したという意味からで、島ものの語もある。島渡りが島になったわけで、奥嶋、奥島とも呼ばれた。

『仮名草子仁勢物語』に「嶋好み給ふ人なり、此木綿奉らむ」とあり、『浮世草子好色一代男』には「おりふし八月十一日の夕風はや此所に袷をきるそかし、嶋をよきとおもへばこそ、いづれも紬の品をかへ」とある。

縞という字が島に変わって用いられるようになったのは江戸時代後期頃よりと思われる。

型染が普及してくると、型染による縞が染められた。織縞と違って自由な文様がそこにあらわせることから型染の縞はつくられたと思われるが、なかには千筋や万筋のような細かい経縞の小紋をつくって、職人の気概としたようなものもある。よろけ縞や斜線によるななめ縞がつくられるようになり、襷《たすき》、また菱繋《ひしつなぎ》、手綱《たづな》格子など、そして業平格子なども染められた。また線でなく、細かい文様をつなぐようにして縞のようにした染縞も多く染められるようになった。

歌舞伎役者が、舞台で用いたり、また自分好みの縞をつくったりしたが、そのなかには染縞が多い。4本と5本の筋糸にした二重格子の変型のなかにキと呂の文字を入れた菊五郎格子、4本と8本の格子のなかに呂の文字を入れた半四郎格子、経6本の筋に緯1本の格子のところどころにらの文字を入れた市村格子、また4本ずつの細い経筋と経筋の間に簞笥のかんを繋いで入れた芝翫縞など多くのものがある。浮世絵のなかには縞の着物を着た人が多い。当時の江戸の庶民にとって縞はかかせないものであった。江戸時代での縞の発達は非常なものだった。多くの変り縞、変り格子がつくられ、いろいろな縞の名前もつ付けられている。奢侈《しゃし》禁止令で絹物を着られなかった庶民が綿縞にその贅を尽くしたのである。

地方にあっては自家用のために織られたものであったが、所によっては換金の手段としての織縞がつくられ、地方の特産となった。

明治になり大正になっても、それはつづけられたのである。娘が機織りを習うことは花嫁修業の一つであり、機が織れなくては嫁に行けなかったという話まである。

縞帳または縞手本という、縞の小布を和紙

に貼り込んだ帳面が、昔機を織った家には必ず残されていた。山崎斌《あきら》は随筆縞手本のなかに「縞手本、或は縞帳というのは、画手本、また字の手本というのと同じく、機（ハタ）を織る場合に参考とし、或はその通りのものを織りたいとして――手本にするために、縞柄を集めて貼って持っている、手控のものをいうのだった。

それは、その当時の和紙を折って、帖面に綴ちておいて、自分の好ましいとおもふ縞切を、また、よそで手に入った珍らしい織物の小布を貼り込んで置くものであった。沢山のものを貼るので、大きいものでも一寸幅の五分位、小さいものでは、五分に三分位のものまでを手に入るに従って貼って置き、――またすぐ、利用するものには、その色絲の数をかぞへて、刈安三羽《みつは》、梅鼠二羽《ふたば》、藍四羽《よつば》――といふ風に、縞立《しまだて》の数を書きつけてあるものもある。

私の家蔵している母の縞手本は、殆ど一寸に近い程の厚さで、巻末の方は二十枚ほど布切《ぬのきれ》が貼込んでなかった。しかし、白紙ではなく、明らかに母の字である毛筆と鉛筆とで、ここにも何々三羽、何々五羽と糸数がしるしてあった。また何々三すじ、五すじともあった。……明治の母たちは鉛筆のことをポットルとかポットロとか言ってゐたが、明らかにその芯を舐めて書いたらしく、太く、長く引いたすじの『じ』の鉛筆書きもなつかしかった」と記している。

さき織、またボロ織という織物がある。薄絹や木綿の古い布をさいて、綿の太糸を経糸にして織ったものだが、使い尽くされた布の利用の一つであった。物を大切にする心は常にこんなものにまで生かされ、これは自《おの》ずから横段縞のようなものになった。

以上日本の縞の成立について記した。主として古代について記したが、近世のものについては、目にする機会も多いし、本書にも模織した縞帛を貼布（原版）したので簡略にした。ともかく日本の縞が、近世になってからではなく、古代から連綿と織りつがれてきたものであることを知っていただきたいためである。

第1章

日本の縞50

1. 経縞　万筋《まんすじ》

万筋島ともいう。地糸と筋糸を一羽（2本）ずつ交互に並べた一番細かな経縞《たてじま》。『守貞漫稿《もりさだまんこう》』に「万筋島　万筋には白と紺、白と茶、茶と紺、紺と浅木種々あり、紺と浅木を藍万と云、……蓋《けだし》機工二糸を一羽と云、一羽毎色を隔つを万筋と云、二羽隔を千筋と云、木綿にも縮緬・紬等にも之有」とある。円朝《えんちょう》の『真景累ヶ淵《しんけいかさねがふち》』には「一寸いたした藍の万筋の小袖」とある。

細糸を用いた特に細い縞の場合には、極万《ごくまん》、毛万筋《けまんすじ》、極毛万筋《ごくけまんすじ》などといった。

地糸を二本と筋糸一本の繰り返しにした縞を片羽《かたは》万筋という。経糸一本のことを片羽といった。

紺と浅黄《あさぎ》の万筋また片羽万筋の、ほとんど縞のわかりにくい無地のように見えるものを盲縞《めくらじま》といっているが、『守貞漫稿』によると、紺の織無地を盲縞といったらしい。その『守貞漫稿』に「京坂にて織色と云、江戸にては浅黄を織色と云、紺をめくら島と云、紺、浅黄ともに経緯とも糸を染て後に織を云、蓋幅の両端一分ばかり内に白糸一二糸を経に交ゆ是織後染不の証とす、紺めくら縞は股引、脚半、腹掛の類必之用」とある。また盲縞のことを青縞《あおじま》ともいっている。

鼠縞《ねずみじま》また朧縞《おぼろじま》というのもあった。木綿縞の一つで、地糸を紺、筋糸を鼠で織ったとあるが、紺と鼠の縞なのではっきりしない遠目には無地に見えた縞であった。

● 兼法黒

けんぼうぐろ

江戸時代の黒染の名に兼法黒というのがある。京都に住む足利家の兵法師範吉岡憲法家が、明人李三官の法を伝えて染め出した黒染のことで、吉岡染、憲法染といった。古い憲法染は楊梅《やまもも》の樹皮だけを用いて染めた黒染であったが、後では藍で下染した上で、楊梅などで染めている。

藍《あい》草と楊梅による兼法黒（経糸、緯糸に使用）

絹糸1kgを染めるための材料： 藍草（葉）900g　楊梅（樹皮）500g
塩化第一鉄40g

1　113ページ、紺の手法で糸を紺に染めて置く。

2　楊梅の樹皮500gを6ℓの水に入れて熱し、沸騰してから20分間熱煎して煎汁《せんじゅう》を取る。同じようにして8回まで煎汁を取るが、5～8回までの煎汁をはじめの染液《せんえき》にし、1～4回の煎汁は一晩以上置いた上澄液を用いてあとの染液にする。

3　5～8回の染液を熱して90℃になったら紺に染めた糸を浸し、糸を繰り返しながら5分間煮染《にぞめ》したあと、染液が冷えるまでか、または一晩染液に浸して置く。

4　塩化第一鉄20gを入れたぬるま湯に、染糸を20分間浸して媒染《ばいせん》し、よく水洗いする。

5　染液を再び熱して沸騰したら、媒染した糸を浸し、糸を繰り返しながら5分間煮染したあと、染液が冷えるまで浸して置く。

6　よく水洗いしたあと中干しする。

7　1～4回の煎汁の上澄液を熱して3～5の工程で染め重ねる。

8　何度も水をかえて充分に洗い、天日で乾かす

経糸（座繰生糸60×4本片撚糸）

1寸（38ミリ）間52羽

● 兼法黒　1羽

○ 白　1羽

以上一縞　以下繰り返し

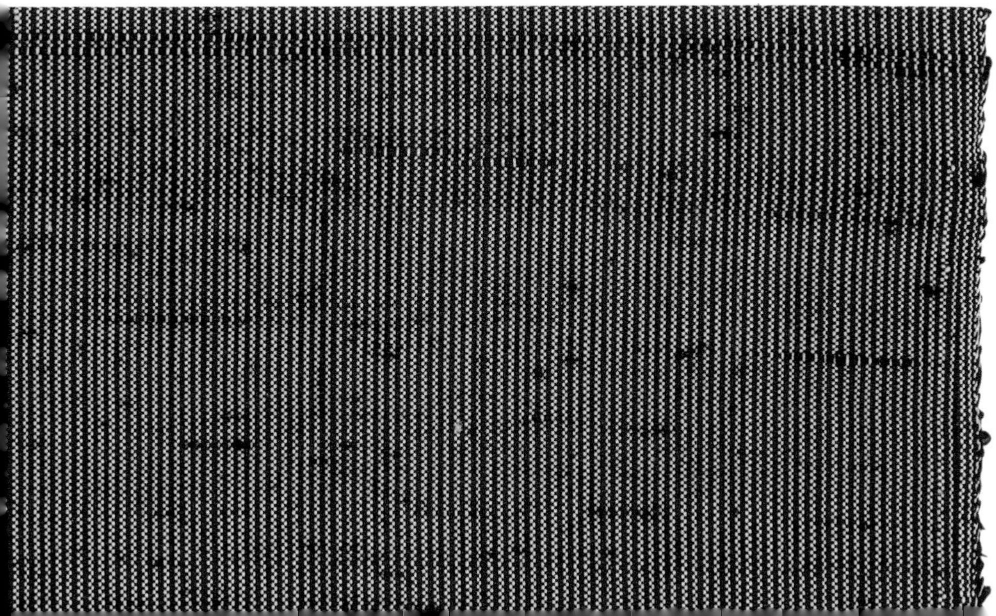

緯糸

1寸（38ミリ）間約70本

● 兼法黒　2丁杼

2. 経縞　千筋《せんすじ》

地糸と筋糸を二羽（4本）ずつ交互に縞立てした経縞《たてじま》。白と紺、白と茶、紺と浅黄《あさぎ》などの縞立が多かった。なかには筋糸2本に地糸4本のものも千筋といっている。また少し太くしたものは五百筋といったという。『守貞漫稿《もりさだまんこう》』に「男子冬服には千筋万筋の物十に七、八之用……又男子と雖ども下着には千すじ万筋を用いず、又男子も童形には上着には之用不替り縞を用ふ」とある。

江戸文学のなかには「御所ちらし千筋山づくし」、「こんがすりのみちか羽おりきしまのせんすじの着もの」などとある。千筋染というものも江戸文学のなかにあるがこれは細かい縞を型染めしたものである。また縞の配列や色などが規則正しくないものを変り千筋といっている。

経糸

1寸（38ミリ）間65羽

小豆色　2羽

黄色　2羽

以上一縞　以下繰り返し

小豆色

あずきいろ

小豆を煮た色を小豆色といっているが、いつ頃からあった色名かはっきりしない。江戸時代には赤小豆という色名もある。小豆色を染めるには、冬青《そよご》、椋《むくのき》などで染めるか、楊梅《やまもも》と蘇枋《すおう》、また杏《あんず》とコチニールなどで染める。

冬青による小豆色（経糸に使用）

絹糸1kgを染めるための材料：冬青（緑葉）500g　炭酸カリウム4g　硫酸銅30g

1　冬青の緑葉500gを6ℓの水に入れて熱し、炭酸カリウム2gを加えアルカリ性の水にして煎じる。沸騰してから20分間熱煎して煎汁《せんじゅう》を取り、同じようにして4回まで煎汁を取る。ただ炭酸カリウムを加えるのは2回までで3回目からは水だけで煎じる。

2　4回までの煎汁を熱して糸を浸し、10分間煮染《にぞめ》したあと、一晩その液に浸して置く。

3　硫酸銅15gを入れたぬるま湯に染糸を浸して20分間媒染し、よく水洗いする。

4　再び染液を熱して沸騰してから媒染《ばいせん》した糸を浸し、20分間煮染したあと、水洗いしてから中干しする。

5　4回まで煎汁を取った葉を6ℓの水に入れて熱し、沸騰してから20分間熱煎して8回まで煎汁を取る。

6　8回までの煎汁を熱して2〜4の工程で染め重ね、何回も水洗いしてから天日で乾かす。

緯糸

1寸（38ミリ）間約80本

黄色　　2丁杼

黄色

きいろ

古代の黄色は主として刈安《かりやす》や小鮒草《こぶなぐさ》などのいね科の植物によって染められたもので、庶民の服色である。また無位の人の朝服《ちょうふく》も黄衣《こうえ》と定めてあった。『延喜式《えんぎしき》』にも深黄《ふかき》、浅黄《あさぎ》はともに刈安を用いるとある。黄色を染めるには黄蘗《きはだ》、槐《えんじゅ》、福木《ふくぎ》なども用いる。

小鮒草による黄色（経糸、緯糸に使用）

絹糸1kgを染めるための材料：小鮒草（緑草）1kg　明礬《みょうばん》60g

1　小鮒草の生の茎葉500gを6ℓの水に入れて熱し、沸騰してから20分間熱煎して煎汁を取る。同じようにして4回まで煎汁を取り染液にする。

2　染液を熱して糸を浸し、10分間煮染したあと、染液が冷えるまでか、都合では一晩染液に浸して置く。

3　明礬30gを入れたぬるま湯に染糸を20分間浸して媒染し、よく水洗いする。

4　染液を再び熱して媒染《ばいせん》した糸を浸し、10分間煮染したあと、染液が冷えるまで浸して置き、中干しする。

5　小鮒草500gを用いて1と同じようにして4回まで煎汁を取り、2〜4の工程で染め重ねる。

6　何回も水をかえて充分に洗い、天日で乾かす。刈安を用いる場合も同じ手法である。

経糸

1寸(38ミリ)間65羽

浅緋　33羽

鴇色　33羽

以上一縞　以下繰り返し

3. 経縞　棒縞《ぼうじま》

最も基本的な経縞《たてじま》。二色の色を同じ羽数にして繰り返した経縞で、普通二分、三分、五分などの繰り返しで縞を作った。五分以上の縞は大《おお》棒縞といった。『守貞漫稿《もりさだまんこう》』に「棒縞、棒島、白紺、茶紺、紺浅木種々又大小不同なれども千筋等より太き故に棒と云」とある。『東海道中膝栗毛』には「うへにゆうきの棒嶋」とある。棒縞には藍染の濃淡の縞が多く、それを藍棒といっている。

また大きい縞のものをきんぴら縞(金平縞)と呼んでいた。坂田金時の子、坂田金平は豪勇の誉れが高かったが、その名に因んで強いもの丈夫なものに金平の名がいろいろとつけられている。そのことから太くて強い大きい縞を金平縞といったものである。

緯糸

1寸(38ミリ)間約80本

浅緋　2丁杼

浅緋《あさきあけ》

古代の緋《あけ》は茜草《あかねぐさ》で染めた色である。古代の服色制では紫に次ぐ上位の色であり、日本茜でそれだけの色を染めることは大変なことであった。浅緋は緋よりいくらか薄い色である。

六葉茜《むつばあかね》による浅緋(経糸、緯糸に使用)

絹糸1kgを染めるための材料: 六葉茜(根)500g　明礬《みょうばん》50g　灰汁10ℓ

1　六葉茜の根500gを5ℓの水に入れて熱し、沸騰してから20分間熱煎して煎汁を取る。同じようにして5回まで煎汁を取り染液にする。
2　染液を熱して糸を浸し、10分間煮染したあと、染液が冷えるまでか、都合では一晩染液に浸して置く。
3　明礬50gを入れたぬるま湯に、染糸を浸して媒染し、よく水洗いする。
4　染液を再び熱して媒染した糸を浸し、20分間煮染したあと、染液が冷えるまで浸して置く。
5　よく水洗いし、よく拡げて天日で中干しする。
6　5回まで煎じた根を用いて、10回まで同じようにして煎汁を取り、染液にする。
7　6〜10回の染液を熱して中干しした糸を浸し、20分間煮染したあと、染液が冷えるまでか、都合では一晩染液に浸して置く。
8　灰汁《あく》10ℓに染糸を30分間浸してから絞り、そのまま1時間ぐらい置き、何回も水をかえて充分に水洗いしたあと、天日で乾かす。日本茜の場合も同じ手法で、繰り返し何回も染め重ねる。

鴇色《ときいろ》

鴇の羽の色からきた色名。黄味のある薄桃色で、おそらく紅花で染めた色である。江戸時代に本とき色とあることからそれよりも古い時代からの色名と思える。

橅《ぶなのき》による鴇色(経糸に使用)

絹糸1kgを染めるための材料: 橅(緑葉)300g　明礬30g

1　橅の緑葉300gを6ℓの水に入れて熱し、沸騰してから20分間熱煎して煎汁を取る。同じようにして4回まで煎汁を取って染液にする。
2　染液を熱して糸を浸し、10分間煮染したあと、染液が冷えるまでか、都合では一晩染液に浸して置く。
3　明礬30gを入れたぬるま湯に、染糸を20分間浸して、媒染したあとよく水洗いする。
4　染液を再び熱して媒染した糸を浸し、15分間煮染したあと、何回もよく水洗いし、天日で乾かす。

4. 経縞　牛蒡縞《ごぼうじま》

棒縞の細かいものを小棒縞といっていた。千筋や五百筋よりも粗い縞である。その小棒縞がなまって牛蒡縞になったものと思われる。

仮名垣魯文の『西洋道中膝栗毛』には「小倉の牛房じまのまちだか袴をはき」とある。また樋口一葉の『われから』には「牛房縞の綿入れに論なく白木綿の帯」とある。

緯糸

1寸(38ミリ)間約80本

白茶　2丁杼

織糸の色と染め方

紅緋《べにひ》

もともとは紅花で染めた緋色《ひいろ》を紅緋といったのであるが、江戸時代には黄蘗《きはだ》と蘇枋《すおう》で染めたものが多い。明るい赤色である。

黄蘗とコチニールによる紅緋(経糸に使用)

絹糸1kgを染めるための材料：黄蘗(樹皮)500g
コチニール(介殻虫)200g　氷酢酸6cc　塩化第一錫45g

1 黄蘗の樹皮（内皮）500gを6ℓの水に入れて熱し、沸騰してから20分間熱煎して煎汁を取る。同じようにして4回まで煎汁を取り、染液にする。
2 染液を熱して糸を浸し、20分間煮染したあと、染液が冷えるまで置き、水洗いした上で中干しする。
3 4回まで煎汁を取った樹皮は同じようにして8回まで煎汁を取り、染液にする。
4 5～8回の染液を熱して中干しした糸を浸し、20分間煮染したあと染液が冷えるまで浸して置く。
5 塩化第一錫15gを入れた水に、染糸を20分間浸して媒染し、水洗いしてから天日で乾かす。
6 コチニール200gを水5ℓに入れて熱し、氷酢酸2ccを加えて、沸騰してから20分間熱煎して煎汁をとる。同じようにして4回まで煎汁を取り染液にする。ただし氷酢酸《ひょうさくさん》を加えるのは1回目だけでよい。
7 染液を熱して黄蘗で染めた黄色の糸を浸して15分間煮染したあと、染液が冷えるまで浸して置く。
8 塩化第一錫15gを入れた水に染糸を20分間浸して媒染し、よく水洗いする。
9 染液を再び熱して、氷酢酸2ccを加え、媒染した糸を浸して20分間煮染したあと、染液が冷えるまで浸して置き、よく水洗いしてよく拡げて

経糸

1寸(38ミリ)間65羽

紅緋　6羽

肌色　6羽

以上一縞　以下繰り返し

天日で中干しする。

10　4回まで煎汁を取ったコチニールを再び煎じて8回まで煎汁を取り染液にして、中干しした糸を浸し、7〜9までの工程で染め重ね、充分に水洗いしてから天日で乾かす。

肌色《はだいろ》

正倉院文書に「宍色菩薩《ししいろぼさつ》」とあり、奈良時代に宍色《ししいろ》の色名があったことがわかるが、宍色は肌色であり、肌色は現代の色名である。

鎌柄《かまつか》による肌色(経糸に使用)

絹糸1kgを染めるための材料：鎌柄(緑葉)500g　明礬30g

1　鎌柄の緑葉500gを6ℓの水に入れて熱し、沸騰してから20分間熱煎して煎汁を取る。同じようにして4回まで煎汁を取って染液にする。

2　染液を熱して糸を浸し、10分間煮染したあと、染液が冷えるまでか、都合では一晩浸して置く。

3　明礬30gを入れたぬるま湯に、染糸を20分間浸して媒染し、よく水洗いする。

4　染液を再び熱して媒染した糸を浸し、15分間煮染したあと、何回もよく水洗いし、天日で乾かす。

杏《あんず》による白茶《しらちゃ》(緯糸に使用)

絹糸1kgを染めるための材料：杏(幹材)200g　明礬30g

手法は41ページ、樺色と同じ工程で染める。

5. 経縞　大名縞《だいみょうじま》

大明縞、大名筋ともいう。江戸文学には大名じま、大名縞、大名島とある。主として紺地に白筋を入れた縞だった。普通筋糸一羽（2本）に対して地糸三羽（6本）以上使った縞をいったが、地糸二羽（4本）を四つ大名、地糸三羽（6本）を六つ大名、地糸四羽（8本）を八つ大名といったとある。この縞柄は江戸中期に大名筋の名で流行したという。また筋糸を一羽（2本）でなく、片羽（1本）にしたものもある。これは片羽大名といっていた。

また大名縞の大きな縞のものを大大明ともいっている。

佐藤春夫の『田園の憂鬱』に「その丘の斜面の表面を、上から下の方へ弓形に滑りおりて、くっきりとした大名縞を描き出して居た」とある。

経糸
1寸（38ミリ）間65羽
● 檜皮色　26羽
○ 白　1羽
以上一縞　以下繰り返し

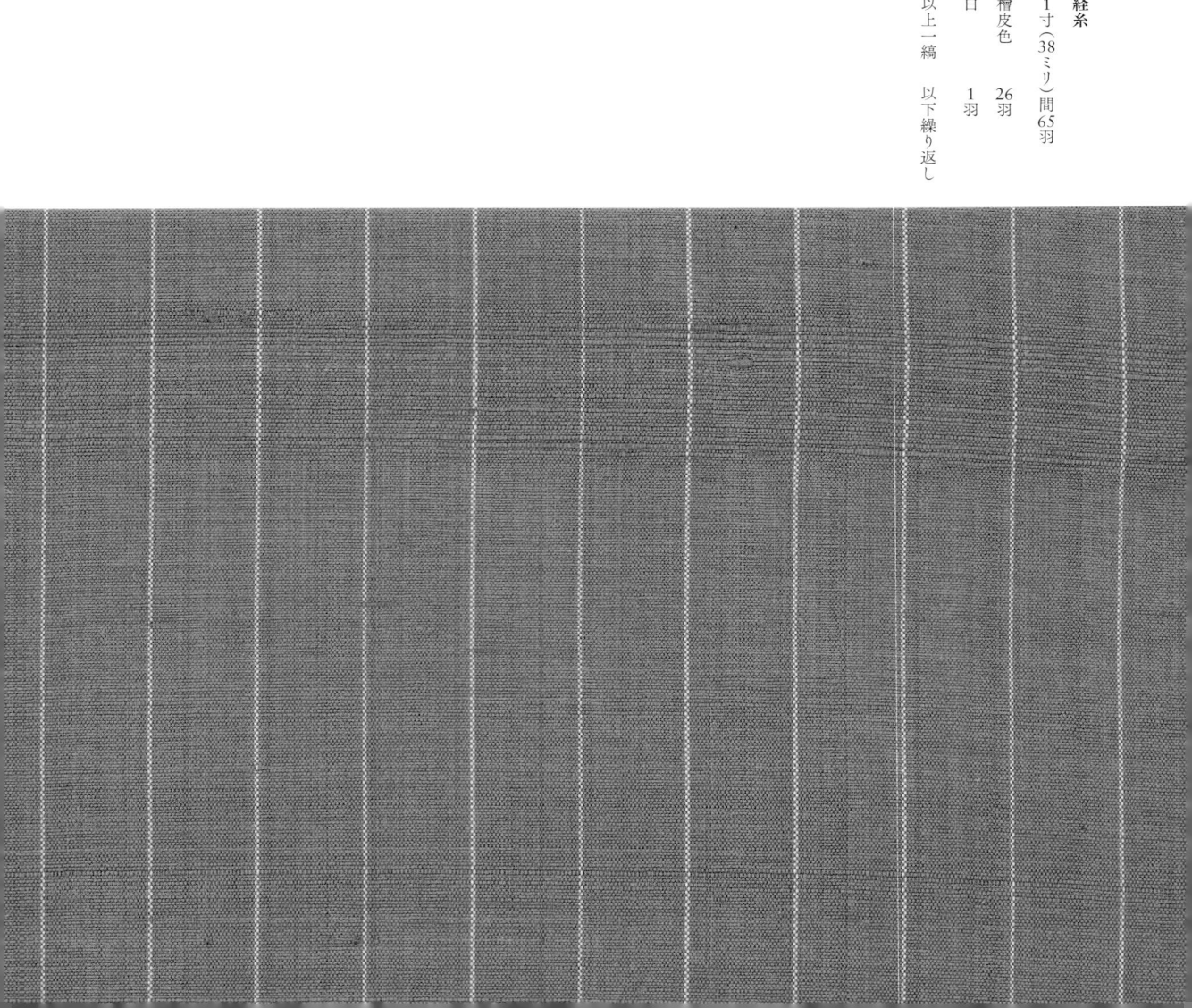

檜皮色《ひわだいろ》

平安時代よりの色名。『源氏物語』には「檜皮色の紙」ともある。江戸時代では主として楊梅《やまもも》と蘇枋《すおう》で染めている。檜の樹皮の色である。

一位《いちい》による檜皮色（経糸に使用）

絹糸1kgを染めるための材料： 一位（幹材）1kg　硫酸銅40g

1　一位の幹材1kgを細かく刻み、6ℓの水に入れて熱し、沸騰してから20分間熱煎して煎汁を取る。同じようにして4回まで煎汁をとって染液にする。
2　1～4回の染液を熱して糸を浸し、10分間煮染したあと、染液が冷えるまでか、一晩浸して置く。
3　硫酸銅20gを入れたぬるま湯に染糸を20分間浸して媒染し、よく水洗いする。
4　染液を再び熱して90℃になったら媒染した糸を浸して15分間煮染する。
5　よく水洗いしてよく拡げて天日で中干しする。
6　4回まで煎汁を取った幹材を1と同じようにして8回まで煎汁を取り、染液にする。
7　5～8回の染液を用いて2～4の工程で染め重ねる。
8　何回も水をかえて充分に洗い、天日で乾かす。

上溝桜《うわみぞさくら》による檜皮色（緯糸に使用）

絹糸1kgを染めるための材料： 上溝桜（樹皮）500g　硫酸銅40g

1　上溝桜の樹皮500gを細かく刻み、6ℓの水に入れて熱し沸騰してから20分間熱煎して煎汁を取る。同じようにして4回まで煎汁を取って染液にする。
2　染液を熱して糸を浸し、10分間煮染したあと、染液が冷えるまでか、都合では一晩染液に浸して置く。
3　硫酸銅20gを入れたぬるま湯に染糸を20分間浸して媒染し、よく水洗いする。
4　染液を再び熱して90℃になったら媒染した糸を浸して15分間煮染したあと水洗いして中干しする。
5　4回まで煎汁を取った樹皮を1と同じようにして8回まで煎汁を取り染液にする。
6　5～8回の染液を用いて2～4の工程で染め重ねる。
7　何回も水をかえて充分に洗い、天日で乾かす。

緯糸

1寸（38ミリ）間約80本

檜皮色　　2丁杼

6. 経縞　太縞大名《ふとじまだいみょう》

大名縞は筋糸が一羽（2本）であるが、その筋糸を二羽（4本）以上に太くしたものを、太縞大名といった。また単に太縞ともいっている。

経糸

1寸（38ミリ）間65羽

緑　15羽

黄色　2羽

以上一縞　以下繰り返し

緯糸

1寸（38ミリ）間約80本

緑　2丁杼

緑《みどり》

古代の服色の緑、養老衣服令では服色条十位になっている。『延喜式』では藍と黄蘗《きはだ》で染めている。平安時代の装束の青は緑であるが、『紫式部日記』などには「みどりの衣」などともある。

藍草《あい》と槐《えんじゅ》による緑（経糸、緯糸に使用）

絹糸1kgを染めるための材料： 藍草（蒅《すくも》）300g　槐（花蕾《からい》）200g　明礬60g

1　97ページ、縹《はなだ》色の手法によって糸を縹色に染めて置く。
2　槐の花蕾200gを6 ℓ の水に入れて熱し、沸騰してから20分間熱煎して煎汁を取る。同じようにして4回まで煎汁を取り染液にする。
3　1～4回の染液を熱し、90℃になったら縹色に染めた糸を浸し、綛を繰り返しながら5分間煮染したあと、染液が冷えるまでか、都合では一晩染液に浸して置く。
4　明礬30gを入れたぬるま湯に、染糸を20分間浸して媒染し、よく水洗いする。
5　染液を再び熱して90℃になったら媒染した糸を浸し、綛を繰り返しながら5分間煮染したあと、染液が冷えるまで置く。
6　よく水洗いしてよく拡げて天日で中干しする。
7　4回まで煎汁を取った花蕾を2と同じようにして8回まで煎汁を取り、染液にする。
8　5～8回の染液を用いて、3～5の工程を繰り返して染め重ねる。
9　何回も水をかえて充分に洗い、天日で乾かす。

福木《ふくぎ》による黄色（経の筋糸に使用）

絹糸1kgを染めるための材料： 福木（樹皮）300g　明礬60g

1　福木の樹皮300gを細かく刻んで6 ℓ の水に入れて熱し、沸騰してから20分間熱煎して煎汁を取る。同じようにして4回まで煎汁を取り染液にする。
2　1～4回の染液を熱して糸を浸し、10分間煮染したあと、染液が冷えるまでか都合では一晩染液に浸して置く。
3　明礬30gを入れたぬるま湯に、染糸を20分間浸して媒染し、よく水洗いする。
4　染液を再び熱して媒染した糸を浸し、15分間煮染したあと、染液が冷えるまで浸して置く。
5　よく水洗いして、よく拡げて天日で中干しする。
6　4回まで煎汁を取った樹皮を用い、1と同じようにして8回まで煎汁を取り、染液にする。
7　5～8回の染液を用いて、2～4の工程で染め重ねる。
8　何回も水をかえて充分に洗い、天日で乾かす。

7. 経縞　金通縞《きんつうじま》

巾通、巾通縞ともいう。また二筋、二つ大名ともいった。大名縞の一本の筋糸を二本並べたものである。筋糸一羽（2本）地糸一羽（2本）筋糸一羽（2本）地糸二羽（4本）以上、三羽（6本）、四羽（8本）、なかにはそれ以上のものもあった。江戸中期以後型染の縞としても流行したという。

緯糸

1寸（38ミリ）間約70本

● 赤　　2丁杼

織糸の色と染め方

唐茶《からちゃ》

室町時代にあった色名。楊梅《やまもも》と刈安《かりやす》、また梅と榛と楊梅で染めているが、いくらか赤味のある黄茶である。

椋《むくのき》による唐茶（経の地糸に使用）

絹糸1kgを染めるための材料：椋（緑葉）1kg　灰汁10 ℓ

1　椋の緑葉1kgを6 ℓの水に入れて熱し、沸騰してから20分間熱煎して煎汁を取る。同じようにして4回まで煎汁を取り染液にする。

2　染液を熱して糸を浸し、15分間煮染したあと、染液が冷えるまでか、都合では一晩染液に浸して置く。

3　染液を再び熱して染糸を浸し、15分間煮染したあと、染液が冷えるまで浸して置く。

4　灰汁《あく》10 ℓに染糸を30分間浸したあと絞り、1時間ぐらいそのまま置き、何回も水をかえて充分に洗い、天日で乾かす。

● ロッグウッドと楊梅と赤芽槲《あかめがしわ》による黒（経の筋糸に使用）

…▸ 129ページ参照

赤《あか》

奈良時代の染織品のなかには、茜草《あかねぐさ》と蘇枋《すおう》で染めたと思われる赤を用いているものが多い。平安時代の装束の赤もおそらくそうであったと思われる。

槐《えんじゅ》とコチニールによる赤（緯糸に使用）

経糸
1寸（38ミリ）間65羽
黒　2羽
唐茶　2羽
黒　2羽
唐茶　26羽
以上一縞　以下繰り返し

絹糸1kgを染めるための材料： 槐（花蕾《からい》）300g　コチニール（介殻虫《かいがらむし》）250g
氷酢酸《ひょうさくさん》4cc　塩化第一錫《すず》45g

1　槐の花蕾300gを3ℓの水に入れて熱し、沸騰してから20分間熱煎して煎汁を取る。同じようにして8回まで煎汁を取り、染液にする。
2　染液を熱して糸を浸し、20分間煮染したあと、染液が冷えるまでか、都合では一晩染液に浸して置く。
3　塩化第一錫15gを入れた水に染糸を20分間浸して媒染し、よく水洗いする。
4　染液を再び熱して媒染した糸を浸し、15分間煮染したあと、染液が冷えるまで置く。
5　よく水洗いしてから天日で乾かす。
6　コチニール250gを6ℓの水に入れて熱し、氷酢酸2ccを加えて沸騰してから20分間熱煎して煎汁を取る。同じようにして4回まで煎汁を取って染液にする。ただし氷酢酸を加えるのは2回目まででよい。
7　1〜4回の染液を熱して槐で染めた黄色の糸を浸して15分間煮染したあと、染液が冷えるまでか、都合では一晩浸したまま置く。
8　塩化第一錫15gを入れた水に染糸を20分間浸して媒染し、よく水洗いする。
9　染液を再び熱して媒染した糸を浸して20分間煮染したあと、染液が冷えるまで置く。
10　よく水洗いしてからよく拡げて天日で中干しする。
11　4回まで煎汁を取ったコチニールを再び煎じて8回まで煎汁を取って染液にする。
12　5〜8回の染液を熱して中干しした糸を浸し7〜9の工程で染め重ねる。
13　何回も水をかえてよく洗い、天日で乾かす。

8. 経縞　三筋立《みすじたて》

地糸三羽（6本）～四羽（8本）に筋糸一羽（2本）地糸一羽（2本）筋糸一羽（2本）の縞を三本並べた縞が、基本の三筋立といわれたらしいが、それよりも粗い縞もいろいろと作られた。

江戸では安政年間に男物夏冬服ともに紺と浅黄《あさぎ》の三筋立が流行したという。また大奥では紺地に赤の三筋を袴に用いたという。『守貞漫稿』には「三筋竪　色同前（白紺・茶紺・紺浅黄など）蓋唐桟にあるは紺地に蘇方の三筋なり緯は皆紺也」とある。

また縞糸の二本のものを二筋といった。

経糸
1寸（38ミリ）間65羽
薄鼠　14羽
蘇芳色　1羽
薄鼠　7羽
蘇芳色　1羽
薄鼠　7羽
蘇芳色　1羽
以上一縞　以下繰り返し

薄鼠《うすねず》

平安時代の装束の薄鈍《うすにび》。鈍色《にびいろ》の薄色で、すなわち薄鼠である。この薄鈍も喪服の色であった。また灰色ともいっている。灰の色である。

白樫《しらかし》による薄鼠（経の地糸と緯糸に使用）

絹糸1kgを染めるための材料： 白樫（緑葉）400g　塩化第一鉄15g

1　白樫の緑葉400gを6ℓの水に入れて熱し、沸騰してから20分間熱煎して煎汁を取る。同じようにして4回まで煎汁を取り、染液にする。
2　染液を熱して糸を浸し、10分間煮染したあと、染液が冷えるまでか、都合では一晩染液に浸して置く。
3　塩化第一鉄15gを入れたぬるま湯に染糸を20分間浸して媒染し、よく水洗いする。
4　染液を再び熱して媒染した糸を浸し、15分間煮染したあと、何回も水をかえてよく洗い、天日で乾かす。白樫の葉は乾燥して保存して使用することもできる。

蘇芳色《すおうじき》

古代では蘇方《すおう》また蘇芳色といった。『延喜式』には深蘇芳、浅蘇芳とある。いくらか青味の赤である。蘇方は江戸時代には非常に多く用いられていて、蘇枋のことをあかねと称している。

蘇枋《すおう》による蘇芳色（経の筋糸に使用）

絹糸1kgを染めるための材料： 蘇枋（幹材）500g　明礬60g
酢酸アルミニウム15g

1　蘇枋の幹材500gを6ℓの水に入れて熱し、沸騰してから20分間熱煎して煎汁を取る。同じようにして4回まで煎汁を取り染液にする。
2　1～4回の染液を熱して糸を浸し、15分間煮染したあと、染液が冷えるまでか、一晩染液に浸して置く。
3　明礬30gを入れたぬるま湯に染糸を浸して、20分間媒染してよく水洗いする。
4　染液を再び熱して媒染した糸を浸し、20分間煮染したあと、染液が冷えるまで浸して置く。
5　よく水洗いしてからよく拡げて天日で中干しする。
6　4回まで煎汁を取った幹材を用いて1と同じようにして8回まで煎汁を取り染液にする。
7　5～8回の染液を熱して中干しした糸を浸し、2～4の工程で染め重ねる。
8　酢酸アルミニウム15gを入れたぬるま湯に、染糸を30分間浸したあと、何回も水をかえてよく洗い、天日で乾かす。

緯糸
1寸（38ミリ）間約80本
薄鼠　2丁杼

9. 経縞　片羽縞《かたはじま》

経糸の一本を片羽という。江戸時代の綿地の藍縞には片羽の白糸を入れた経縞は多い。万筋の白糸を片羽にしたものを片羽万筋ともいった。

きまった縞にせずに、片羽の糸を不同に縞割したものを普通片羽縞と称していて、紺地に白の片羽糸を配したものが多かった。

経糸（綿糸60番双糸）
1寸（38ミリ）間50羽

薄鼠　7羽
黒　片羽
薄鼠　6羽
黒　片羽
薄鼠　10羽
黒　片羽
薄鼠　20羽
黒　片羽
薄鼠　5羽
黒　片羽
薄鼠　9羽
黒　片羽
薄鼠　8羽
黒　片羽
薄鼠　2羽
黒　片羽
以上一縞　以下繰り返し

綿糸による薄鼠(経の地糸に使用)

綿糸1kgを染めるための材料：櫟《くぬぎ》(樹皮)1kg　塩化第一鉄40g

1　櫟の樹皮500gを細かく刻んで4ℓの水に入れて熱し、沸騰してから20分間熱煎して煎汁を取る。同じようにして6回まで煎汁を取って染液にする。
2　染液を熱して糸を浸し、15分間煮染したあと、一晩染液に浸して置く。
3　塩化第一鉄20gを溶いたぬるま湯に、染糸を30分間浸して媒染し、よく水洗いする。
4　染液を再び熱して媒染した糸を浸し、20分間煮染したあと、よく水洗いしてからよく拡げて天日で中干しする。
5　新しく櫟の樹皮500gを用いて、1から4までの工程を繰り返して染め重ねる。
6　最後は何回も水を取りかえて充分に洗い、天日で乾かす。

綿糸による黒(経の筋糸に使用)

綿糸1kgを染めるための材料：藍草(蒅)1kg　楊梅(樹皮)500g
赤芽槲(緑葉)1kg　塩化第一鉄60g　消石灰50g

1　灰汁建した藍で糸を紺に染めて数日以上置く(117ページ参照)。
2　楊梅の樹皮500gを6ℓの水に入れて熱し、沸騰してから20分間熱煎して煎汁を取る。同じようにして8回まで煎汁を取るが、はじめに5～8回の煎汁を染液にして使用する。1～4回の煎汁は一晩置いて上澄液を用いる。
3　5～8回の染液を熱して糸を浸し、15分間煮染したあと、一晩染液に浸して置く。
4　塩化第一鉄20gを溶かしたぬるま湯に染糸を30分間浸して媒染し、よく水洗いする。
5　染液を再び熱して媒染した糸を浸し、15分間煮染したあと、染液が冷えるまで置いてから、よく水洗いした上でよく拡げて天日で中干しする。
6　1～4の煎汁の上澄液を熱して、中干しした糸を浸し、3～5の工程を繰り返して染め重ねる。
7　赤芽槲の緑葉1kgを6ℓの水に入れて熱し、沸騰してから20分間熱煎して煎汁を取る。同じようにして3回まで煎汁を取って染液にする。
8　染液を熱して楊梅で染め重ねた6の染糸を浸し、3～5の工程を繰り返して染め重ねる。
9　消石灰《しょうせっかい》50gを水に入れて攪拌して静置した上澄液をぬるま湯に入れて、8の染糸を30分間浸したあと、何回も水を取りかえてよく洗い、天日で乾かす。

綿糸による鼠色《ねずみいろ》(緯糸に使用)

綿糸1kgを染めるための材料：橡《とちのき》(樹皮)1kg　塩化第一鉄40g

上記薄鼠の手法と同じ工程で染色する。

緯糸(綿糸30番単糸)

1寸(38ミリ)間約80本

鼠色　　2丁杼

10. 経縞　抱《だ》き縞《じま》

棒縞のなかに他の色糸が並んだ縞を抱き縞また棒抱きといった。その縞の羽数はいろいろに縞割されたが、藍の濃淡の縞が多かった。

経糸

1寸（38ミリ）間65羽

樺色　6羽

銀鼠　12羽

樺色　6羽

錆朱　12羽

以上一縞　以下繰り返し

緯糸

1寸（38ミリ）間約80本

樺色　2丁杼

樺色《かばいろ》

平安時代に樺、真樺の色名がある。江戸時代では梅と刈安で染めている。岳樺《だけかんば》の樹皮の色と思われる。主として杏、梅、橡《とちのき》などで染める。

杏による樺色（経糸、緯糸に使用）

絹糸1kgを染めるための材料：杏（幹材）400g　明礬30g

1　杏の幹材400gを細かく刻み、5ℓの水に入れて熱し、沸騰してから20分間熱煎して煎汁を取る。同じようにして4回まで煎汁を取り、染液にする。
2　1～4回の染液を熱して糸を浸し、10分間煮染したあと、染液が冷えるまでか都合では一晩染液に浸して置く。
3　明礬30gを入れたぬるま湯に染糸を20分間浸して媒染し、よく水洗いする。
4　染液を再び熱して媒染した糸を浸し、15分間煮染したあと、染液が冷えるまで浸して置く。
5　よく水洗いしてからよく拡げて天日で中干しする。
6　4回まで煎汁を取った幹材を再び熱煎して5～8回の煎汁を取る。
7　5～8回の染液を熱して中干しした染糸を浸し、15分間煮染したあと、染液が冷えるまでか、または一晩その液に浸して置く。
8　何回も水をかえてよく洗い、天日で乾かす。

銀鼠《ぎんねず》

江戸時代にできた色名で青味のある薄鼠である。主として白樫《しらかし》、薔薇《ばら》、臭木《くさぎ》、熊四手《くましで》などで染める。

熊四手による銀鼠（経糸に使用）

絹糸1kgを染めるための材料：熊四手（緑葉）500g　塩化第一鉄15g

1　熊四手の緑葉500gを6ℓの水に入れて熱し、沸騰してから20分間熱煎して煎汁を取る。同じようにして4回まで煎汁を取って染液にする。
2　染液を熱して糸を浸し、10分間煮染したあと、染液が冷えるまでか、都合では一晩染液に浸して置く。
3　塩化第一鉄15gを入れたぬるま湯に染糸を20分間浸して媒染し、よく水洗いする。
4　染液を再び熱して媒染した糸を浸し、20分間煮染する。
5　何回も水をかえてよく洗い、天日で乾かす。

楊梅と蘇枋による錆朱《さびしゅ》（経糸に使用） …► 53ページ参照

11. 経縞　筋入棒縞《すじいりぼうじま》

棒縞のなかに一羽ずつの筋糸を入れた縞を筋入棒縞という。棒縞の幅はいろいろとあるが、必ず一羽の筋糸が入っている。

経糸

1寸（38ミリ）間65羽

桃色　7羽
桜色　1羽
桃色　7羽
桜色　7羽
桃色　1羽
桜色　7羽
以上一縞　以下繰り返し

緯糸

1寸（38ミリ）間約75本

桃色　2丁杼

桃色 ももいろ

『日本書記』の桃染《つきそめ》、『萬葉集』には桃花褐《つきそめ》とある。紅花の紅色素のみの染色であった。江戸時代には「ももいろ」として紅花で染めている。桃の花の色である。紅染の薄色は堅牢度が低いことから現在は主としてコチニールで染色している。

コチニールによる桃色（経糸、緯糸に使用）

絹糸1kgを染めるための材料：コチニール（介殻虫）80g　氷酢酸5cc
塩化第一錫30g

1 コチニール80gを6ℓの水に入れて熱し、氷酢酸1.5ccを加え、沸騰してから20分間熱煎して煎汁を取る。同じようにして4回まで煎汁を取って染液にする。ただし氷酢酸を加えるのは2回まででよい。
2 染液を熱して糸を浸し、10分間煮染したあと、染液が冷えるまでか、都合では一晩染液に浸して置く。
3 塩化第一錫15gを溶かした水に染糸を20分間浸して媒染し、よく水洗いする。
4 染液を再び熱して氷酢酸1ccを加えて、媒染した糸を浸し、20分間煮染したあと、染液が冷えるまで浸して置く。
5 よく水洗いしてよく拡げて天日で中干しする。
6 4回まで煎汁を取ったコチニールを用いて8回まで煎汁を取り染液にする。
7 5〜8回の染液を用いて2から4までの工程を繰り返して染め重ねる。
8 何度も水をかえてよく洗い、天日で乾かす。

桜色 さくらいろ

平安時代の色名。桜の花の色で、白に近い薄いピンク。紅花で染めていたものだが、現在はコチニールで染めた方が堅牢度がある。

コチニールによる桜色（経糸に使用）

絹糸1kgを染めるための材料：コチニール（介殻虫）20g　氷酢酸2cc
塩化第一錫15g

1 コチニール20gを3ℓの水に入れ、氷酢酸1ccを加え、沸騰してから20分間熱煎して煎汁を取る。同じようにして8回まで煎汁を取り染液にする。ただし氷酢酸を加えるのは1回だけでよい。
2 染液を熱して糸を浸し、10分間煮染したあと、染液が冷えるまで浸して置く。
3 塩化第一錫15gを溶かした水に染糸を20分間浸して媒染し、よく水洗いする。
4 染液を再び熱して氷酢酸1ccを加えて、媒染した糸を浸し、20分間煮染する。
5 何回も水をかえてよく洗い、天日で乾かす。
桜色のような薄色を染める時は、新しくコチニールを煎じるよりも、桃色などを染めた後の残液を利用した方がよい。コチニールの場合に限り、残液を利用してもきれいな色相になる。染色方法は同じである。

シンプルな経縞

（上列左から）8．三筋立36ページ
6．太縞大名32ページ

（下列左から）2．千筋24ページ
7．金通縞34ページ
11．筋入棒縞42ページ

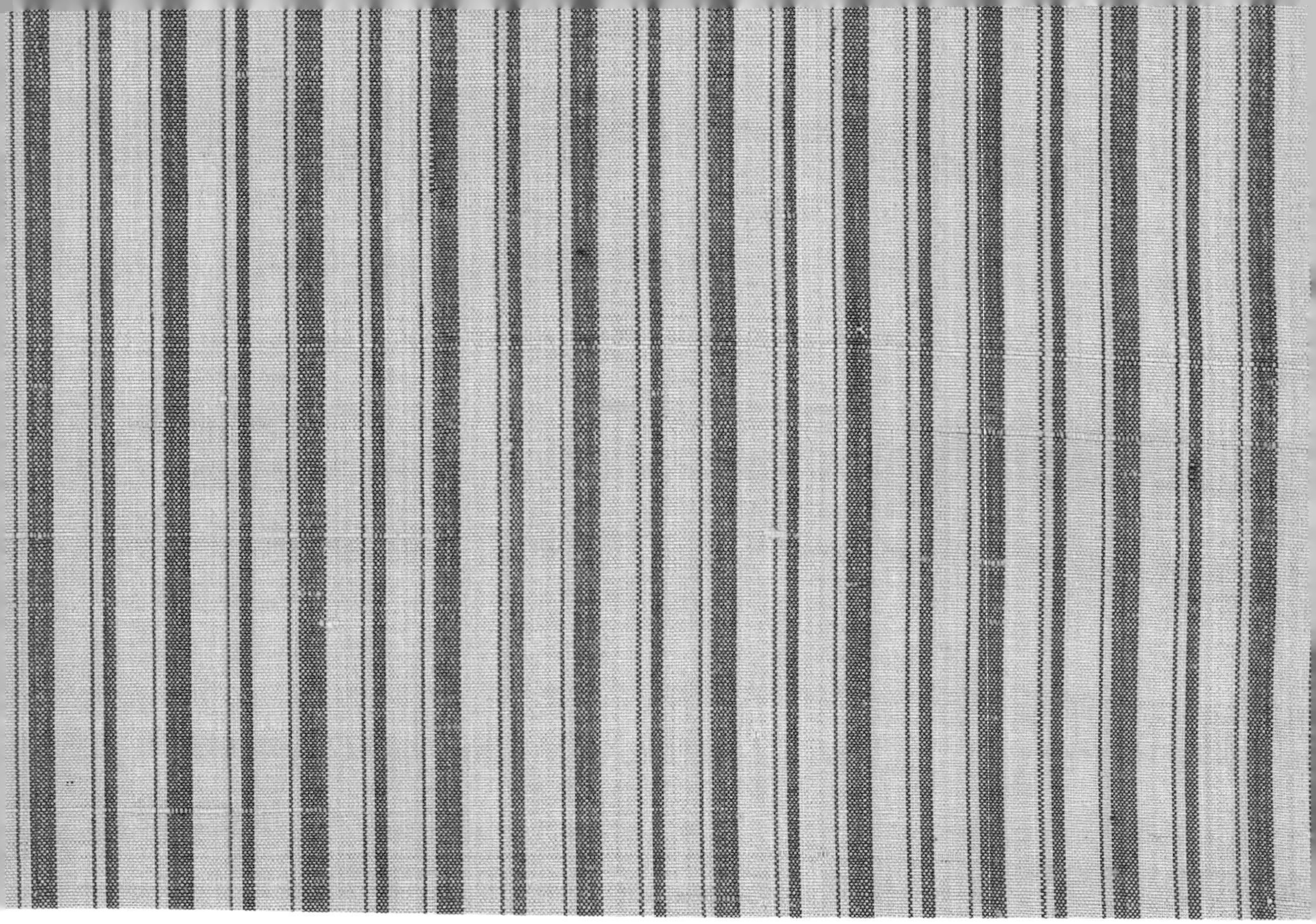

経糸

1寸（38ミリ）間65羽

黒橡　6羽
玉子色　2羽
黒橡　1羽
玉子色　8羽
黒橡　3羽
玉子色　2羽
黒橡　1羽
玉子色　8羽

以上一縞　以下繰り返し

12. 経縞　子持筋《こもちすじ》

太い筋糸に添って片側に細い筋糸が並んでいる縞。子持筋、子持島、子持縞といった。太い筋を親、細い筋を子に見たてたもので、親子縞ともいう。片側だけに子筋があるのを両子持縞に対して片子持縞ともいっている。『守貞漫稿』に「子持島　大小筋を云」とある。白と紺、茶と紺、紺と浅木の縞が多い。『貞丈雑記』には「婚礼の時、すあふ、かたぎぬなどに肩のあたりに子持筋とてふとき筋と細き筋を付る事今時せ上法の如くに成たり。古は會てなき事也」とある。江戸時代には子持という言葉から、縁起をかつぎ婚礼の際用いたらしい。

また子持筋は太い筋に細い筋を平行に織った横段のこともいっている。

緯糸

1寸（38ミリ）間約90本

菜花色　2丁杼

黒橡 くろつるばみ

平安時代の黒袍《くろのほう》の色であり、主として五倍子《ごばいし》の鉄媒染で染められていた。紫味の黒茶で現在では紫褐色《しかっしょく》または紫黒色《しこくしょく》とでもいう色相である。

ボルネオ鉄木《てつぼく》による黒橡（経の筋糸に使用）

絹糸1kgを染めるための材料：ボルネオ鉄木（幹材）400g　塩化第一鉄20g

1　ボルネオ鉄木の幹材400gを細かく刻み、6ℓの水に入れて熱し、沸騰してから20分間熱煎して煎汁を取る。同じようにして4回まで煎汁を取り染液にする。

2　染液を熱して糸を浸し、10分間煮染したあと、染液が冷えるまでか、都合では一晩染液に浸して置く。

3　塩化第一鉄20gを溶かしたぬるま湯に染糸を20分間浸して媒染し、よく水洗いする。

4　染液を再び熱して媒染した糸を浸し15分間煮染したあと、すぐ水洗いしてよく拡げて天日で中干しする。

5　4回まで煎汁を取った幹材を再び煎じて8回まで煎汁を取り染液にする。

6　5～8回の染液に中干しした糸を浸し、15分間煮染したあと、何回も水洗いしてから天日で乾かす。

玉子色 たまごいろ

玉子（卵）の黄味の色である。江戸初期よりある色名と思える。平安時代の鳥の子色は玉子色ではない。

牛の竹篦《しっぺい》による玉子色（経の地糸に使用）

絹糸1kgを染めるための材料：牛の竹篦（緑草）500g　塩化第一錫20g

1　牛の竹篦の生の茎葉500gを6ℓの水に入れて熱し、沸騰してから20分間熱煎して煎汁を取る。同じようにして4回まで煎汁を取って染液にする。

2　染液を熱して糸を浸し、10分間煮染したあと、染液が冷えるまでか、都合では一晩染液に浸して置く。

3　塩化第一錫20gを溶かした水に染糸を20分間浸して媒染し、よく水洗いする。

4　染液を再び熱して媒染した糸を浸し、15分間煮染したあと、染液が冷えるまで浸して置く。

5　何回も水をかえてよく洗い、天日で乾かす。

苦参《くらら》による菜花色（緯糸に使用）

絹糸1kgを染めるための材料：苦参（緑草）2kg　明礬60g

手法は73ページ、合歓木による菜花色と同じ工程で染色する。

13. 経縞　両子持縞《りょうこもちじま》

縞の両側に細い筋を並べた縞を両子持縞といった。またこれを双子筋、双子縞、双子持縞、双子持ということもあった。

緯糸

1寸(38ミリ)間約80本

鳶色　　2丁杼

織糸の色と染め方

ボルネオ鉄木による錆朱(経の筋糸に使用)

絹糸1kgを染めるための材料：ボルネオ鉄木(幹材)400g　硫酸銅40g

1　ボルネオ鉄木の幹材400gを細かく刻んで6ℓの水に入れて熱し、沸騰してから20分間熱煎して煎汁を取る。同じようにして4回煎汁を取り染液にする。

2　染液を熱して糸を浸し、10分間煮染したあと、染液が冷えるまでか、都合では一晩染液に浸して置く。

3　硫酸銅20gを溶かしたぬるま湯に染糸を20分間浸して媒染し、よく水洗いする。

4　染液を再び熱して媒染した糸を浸し、15分間煮染したあと、すぐ水洗いしてよく拡げて天日で中干しする。

5　4回まで煎汁を取った幹材を再び同じようにして煎じて8回まで煎汁を取り染液にする。

6　5〜8回の染液を用いて2〜4の工程を繰り返して染め重ねる。最後の水洗いは何回も水を取りかえて充分にする。

桑茶《くわちゃ》

養老衣服令に桑《くわそめ》とあり、古代の服色の一つ、庶民の服色だったと思われる。いくらか茶味の黄色であり、桑《くわ》の木で染めている。

桑による桑茶(経の地糸に使用)

絹糸1kgを染めるための材料：桑(幹材)400g　明礬60g

1　桑の幹材400gを細かく刻んで6ℓの水に入れて熱し、沸騰してから20分間熱煎して煎汁を取る。同じようにして4回まで煎汁を取って染液にする。

経糸

1寸(38ミリ)間65羽

錆朱　1羽

桑茶　2羽

錆朱　9羽

桑茶　2羽

錆朱　1羽

桑茶　7羽

以上一縞　以下繰り返し

2　染液を熱して糸を浸し、10分間煮染したあと、染液が冷えるまでか、都合では一晩染液に浸して置く。

3　明礬30gを溶かしたぬるま湯に、染糸を20分間浸して媒染し、よく水洗いする。

4　染液を再び熱して媒染した糸を浸し、15分間煮染したあと、染液が冷えるまで浸して置く。

5　よく水洗いしてよく拡げて天日で中干しする。

6　4回まで煎汁を取った幹材を再び煎じて8回まで煎汁を取り染液にする。

7　5～8回の染液を用いて2～4の工程で染め重ねる。

8　何回も水をかえてよく洗い、天日で乾かす。

欅《けやき》による鳶色《とびいろ》(緯糸に使用)

絹糸1kgを染めるための材料：欅(緑葉)1kg　硫酸銅40g　銅40g

1　欅の緑葉500gを6ℓの水に入れて熱し、沸騰してから20分間熱煎して煎汁を取る。同じようにして4回まで煎汁を取り、染液にする。

2　染液を熱して糸を浸し、10分間煮染したあと、染液が冷えるまでか、都合では一晩染液に浸して置く。

3　硫酸銅20gを溶かしたぬるま湯に染糸を20分間浸して媒染し、よく水洗いする。

4　染液を再び熱して媒染した糸を浸し、20分間煮染したあとすぐ水洗いしてよく拡げて天日で中干しする。

5　新しく欅の緑葉500gを用いて、1～4の工程で染め重ねる。

6　何回も水をかえてよく洗い、天日で乾かす。

14. 経縞　双子筋《ふたごすじ》

子持縞にさらに細い筋をもう一本加えたもの、太い筋の横に細い筋を二本並べたものを双子筋、双子縞、双子持縞また二子持といっている。

金茶	7羽
薄黄	2羽
金茶	2羽
薄黄	2羽
金茶	2羽
薄黄	8羽
以上一縞	以下繰り返し

緯糸

1寸（38ミリ）間約70本

裏葉色　　2丁杼

織糸の色と染め方

紫《むらさき》

古代から最高位の服色であった紫は、紫草の根による染色である。その染色は大変高価なものであったことから江戸時代では紫草と蘇枋による似紫が流行した。現在では紫草に代わるものとしてはロッグウッドが実用的だと思える。

ロッグウッドによる紫（経の筋糸に使用）

絹糸1kgを染めるための材料：ロッグウッド（幹材）200g　塩化第一錫30g

1　ロッグウッドの幹材200gをできるだけ細かく刻み6ℓの水に入れて熱し、沸騰してから20分間熱煎して煎汁を取る。同じようにして4回煎汁を取り、染液にする。

2　1～4回の煎汁を熱して糸を浸し、10分間煮染したあと染液が冷えるまでか、または一晩浸して置く。

3　塩化第一錫15gを溶かした水に、染糸を20分間浸して媒染し、よく水洗いする。

4　染液を再び熱し、40℃くらいになったら媒染した染糸を入れて沸騰するまで煮染する。ロッグウッドの染液は吸収が早いので染めむらにならないよう注意する。

5　染液は水のようになるので、すぐ水洗いして天日で乾かす。

6　4回まで煎汁を取った幹材を再び煎じ出して8回まで煎汁を取って染液にする。

7　5～8回の煎汁を熱して2～5の工程で染め重ねる。最後の水洗いは何回も水をかえて充分にする。
幹材が入手できない場合は、エキスで染めてもよいが、色相も堅牢度も低いように思える。エキスの場合は150gを金槌などで叩きつぶして細かくし、5ℓの水に入れて熱し、沸騰してから20分間熱煎したあと、

経糸

1寸(38ミリ)間65羽

紫 7羽

薄黄 2羽

紫 2羽

薄黄 2羽

紫 2羽

薄黄 8羽

絹篩で漉し、20ℓの熱湯を加えて染液にする。

楊梅による金茶(経の筋糸に使用) …▸ 61ページ参照

薄黄《うすき》

薄い黄色。『延喜式』には浅黄とあり、刈安で染めている。黄色を染める染材は実に多い。

南天《なんてん》による薄黄(経の地糸に使用)

絹糸1kgを染めるための材料: 南天(生の茎材)500g　塩化第一錫15g

1. 南天の生の茎材500gを細かく刻んで4ℓの水に入れて熱し、沸騰してから20分間熱煎して煎汁を取る。同じようにして6回まで煎汁を取って染液にする。
2. 染液を熱して糸を浸し、10分間煮染したあと、染液が冷えるまでか、都合では一晩染液に浸して置く。
3. 塩化第一錫15gを溶かした水に染糸を20分間浸して媒染し、よく水洗いする。
4. 染液を再び熱して媒染した糸を浸し、15分間煮染したあと、染液が冷えるまで浸して置く。
5. 何回も水をかえて洗い、天日で乾かす。

艾《よもぎ》による裏葉《うらは》色(緯糸に使用)

絹糸1kgを染めるための材料: 艾(緑草)1kg　硫酸銅30g

手法は52ページ、薙刀茅《なぎなたがや》による裏葉色と同じ工程で染色する。

15. 経縞　子持大名《こもちだいみょう》

大名縞で片羽《かたは》(1本)の細い筋がかたわらに並んだ縞を子持大名といった。子持縞と同じようにこれを親子縞ということもあったらしいし、また太い筋の両側に細い筋のあるものは、両子持、双子縞ともいっている。子持縞と子持大名とのはっきりした区別はなかったらしい。

緯糸

1寸(38ミリ)間約80本

裏葉色　2丁杼

織糸の色と染め方

裏葉色《うらはいろ》

裏葉色という色名はいつ頃かあったかはっきりしないが、江戸時代に裏葉柳という名は出ている。葛や柳の裏葉の白い灰がかった緑をいう。染色には芒《すすき》、長葉草《ながはぐさ》、薙刀茅《なぎなたがや》などのいね科の緑草、葛の葉などを多く用いる。

薙刀茅による裏葉色(経の地糸に使用)

絹糸1kgを染めるための材料：薙刀茅(緑草)1kg　硫酸銅30g

1. 薙刀茅の生の茎葉1kgを7ℓの水に入れて熱し、沸騰してから20分間熱煎して煎汁を取る。同じようにして3回煎汁を取り染液にする。
2. 染液を熱して糸を浸し、10分間煮染したあと、染液が冷えるまでか、都合では一晩染液に浸して置く。
3. 硫酸銅15gを溶かしたぬるま湯に、染糸を20分間浸して媒染し、よく水洗いする。
4. 染液を再び熱して媒染した糸を浸し、15分間煮染する。
5. 硫酸銅15gを入れたぬるま湯に再び染糸を30分間浸したあと、よく水洗いしてから天日で乾かす。

長葉草による裏葉色(緯糸に使用)

絹糸1kgを染めるための材料：長葉草(緑草)1kg　硫酸銅40g

上記薙刀茅の手法と同じ工程で染める。

錆朱《さびしゅ》

江戸時代に流行した色で、前期頃は江戸茶、後期は当世茶といわれていた。楊梅と蘇枋などで染色している。錆朱は明治以降の色名である。

楊梅と蘇枋による錆朱(経の筋糸に使用)

絹糸1kgを染めるための材料：楊梅(樹皮)200g　蘇枋(幹材)200g
硫酸銅15g　明礬60g　酢酸アルミニウム20g

経糸

1寸（38ミリ）間65羽
錆朱　3羽
裏葉色　7羽
錆朱　1羽
裏葉色　23羽
以上一縞　以下繰り返し

1　楊梅の樹皮200gを6ℓの水に入れ、沸騰してから20分間熱煎して煎汁を取る。同じようにして8回まで煎汁を取るが、4回までの煎汁は一晩以上置いた上澄液を使用する。
2　5～8回の染液を熱して糸を浸し、10分間煮染したあと染液が冷えるまでか、一晩染液に浸して置く。
3　硫酸銅15gを溶かしたぬるま湯に染糸を20分間浸して媒染し、よく水洗いする。
4　染液を再び熱して媒染した糸を浸し、15分間煮染したあと、染液が冷えるまで置いてから中干しする。
5　楊梅の1～4回の煎汁の上澄液を熱して糸を浸し、15分間煮染したあと染液が冷えるまで浸して置く。
6　明礬30gを入れたぬるま湯に、染糸を20分間浸して媒染したあと、よく水洗いし、天日で乾かす。
7　蘇枋の幹材200gを3ℓの水に入れて熱し、沸騰してから20分間熱煎して8回まで煎汁を取る。
8　蘇枋の染液を熱し、楊梅で染めた6の糸を浸して、15分間煮染したあと染液が冷えるまで浸して置く。
9　明礬30gを溶かしたぬるま湯に、染糸を20分間浸して媒染したあと、よく水洗いする。
10　染液を再び熱して媒染した糸を浸し、20分間煮染したあと、染液が冷えるまで置く。
11　酢酸アルミニウム20gを溶かしたぬるま湯に染糸を30分間浸したあと、よく水洗いしてから天日で乾かす。

16. 経縞　滝縞《たきじま》

細い筋からだんだん太い筋になり、またださんだんに細くなる縞を滝縞といった。これを両滝という。これに対して細い筋から太い筋になったら、また細い筋から太い筋になることの繰り返しの縞を片滝という。この縞の太さはいろいろあるが、なかには浅黄地に紺の筋糸を細かく入れたものも浮世絵に描かれている。すべて滝の落ちる景色を表現したものである。したがって藍染の濃淡のものが多かった。江戸文学には滝嶋は多く記されているが、小杉天外の『はやり唄』には「不断着を茶色の勝つた滝縞の節糸の袷」とあり、真山青果の『茗荷畑』には「白絣のあらい浴衣に、黒い帯、新しい滝縞の袴をシャンと穿いて居た」とある。

経糸

1寸（38ミリ）間65羽

鼠色	1羽
薄鼠	12羽
鼠色	2羽
薄鼠	11羽
鼠色	3羽
薄鼠	10羽
鼠色	4羽
薄鼠	9羽
鼠色	6羽
薄鼠	8羽
鼠色	8羽
薄鼠	7羽
鼠色	12羽
薄鼠	7羽
鼠色	8羽
薄鼠	8羽
鼠色	6羽
薄鼠	9羽
鼠色	4羽
薄鼠	10羽
鼠色	3羽
薄鼠	11羽
鼠色	2羽
薄鼠	12羽

以上一縞　以下繰り返し

鼠色《ねずみいろ》

平安時代の装束の鈍色《にびいろ》。仏事などに用いられた服色であるが、江戸時代には鼠色、素鼠の色名がある。鼠色を染める染材は非常に多く、椚、櫟、楢、橡、栗などの樹皮が多く使用される。

現《げん》の証拠《しょうこ》による鼠色(経糸に使用)

絹糸1kgを染めるための材料：現の証拠(茎葉)300g　塩化第一鉄30g

1　現の証拠の茎葉300gを7ℓの水に入れて熱し、沸騰してから20分間熱煎して3回まで煎汁を取る。

2　染液を熱して糸を浸し、10分間煮染したあと、染液が冷えるまでか、都合では一晩染液に浸して置く。

3　塩化第一鉄15gを溶かしたぬるま湯に20分間浸して媒染し、よく水洗いする。

4　染液を再び熱して媒染した糸を浸し、15分間煮染したあと、よく水洗いして中干しする。

5　3回まで煎汁を取った茎葉を再び煎じて6回まで煎汁を取り染液にする。

6　4〜6回の染液を用いて2〜4の工程で染め重ね、水洗いを充分にして天日で乾かす。

白山吹《しろやまふき》による薄鼠(経糸に使用)

絹糸1kgを染めるための材料：白山吹(緑葉)1kg　塩化第一鉄30g

手法は上記の現の証拠の鼠色と同じ工程で染色する。

緯糸

1寸(38ミリ)間約80本

水色　2丁杼

水色《みずいろ》

浅黄の薄い色を薄浅黄、水浅黄、浅黄水色、水色浅黄などと江戸時代にいっている。また藍色の最も薄い色を甕のぞきという場合もある。藍染の薄色は堅牢度が弱いので、水色のような場合、藍草の生葉を用いるか、または臭木の実で染めた方がよい。

臭木による水色(緯糸に使用)

絹糸1kgを染めるための材料：臭木(実)1kg　過酸化水素水10cc

1　臭木の生の実1kgを6ℓの水に入れて熱し、沸騰してから20分間熱煎して4回まで煎汁を取る。

2　染液の熱いうちに糸を浸す。色素の吸収が早いので、染むらにならないように注意する。

3　4回煎汁を取った実は、搗いてつぶしてから再び1と同じようにして煎汁を8回まで取る。

4　5〜8回の煎汁に2の染糸を浸して染め重ねる。1時間ぐらいで色素は吸収する。

5　過酸化水素水(糸量の1%)10ccを入れた水に染糸を30分浸して酸化させたあと何回も水をかえて充分に洗い、天日で乾かす。

17. 経縞　変《かわ》り縞《じま》

一定の型の縞を少し変化させた縞を変り縞という。江戸文学のなかに「八丈代り縞の下着」などとある。双子縞の変型、棒縞のなかに細い筋を二本入れた縞で、このような縞は江戸時代から明治にかけて多く用いられた。

浅紫　6羽
香色　4羽
浅紫　1羽
香色　1羽
浅紫　1羽
香色　4羽
以上一縞　以下繰り返し

緯糸

1寸（38ミリ）間約80本

樺色　　2丁杼

織糸の色と染め方

浅紫《あさきむらさき》

古代の服色。最高位の深紫《ふかきむらさき》に次ぐ色。紫草《むらさき》の根で染め椿、柃《ひさかき》などのアルミ分を含む灰で媒染している。深紫に対していくらか赤味の多い紫である。

紫草《むらさき》による浅紫（経の筋糸に使用）

絹糸1kgを染めるための材料：紫草（根・中国産）1.6kg　灰汁10ℓ　明礬120g

1　灰汁10ℓに糸を30分間浸してから絞り、そのまま天日で乾かす。乾いたらまたその灰汁に30分間浸し、乾かして置く。灰汁下地である。
2　紫草の根800gに8ℓの熱湯をかけ、30分間臼で搗くか、手で揉むかしたあと、麻布などで漉して液を取る。同じようにしてあと2回液を取り、3回までの液を一緒にして染液にする。あとも12回まで同じようにして液を取る。
3　1～3回の染液を60℃に温めて糸を浸し、30分間置く。
4　明礬30gを溶かしたぬるま湯に染糸を20分間浸して媒染したあとよく水洗いし、よく拡げて天日で中干しする。
5　染液を再び60℃に温めて中干しした糸を浸して1時間置いてから絞り、天日で乾かす。
6　4～6回の染液で、3～5の工程を繰り返して染め重ねる。
7　7～9回の染液を60℃に温め、染糸を浸して1時間置いて絞り、天日で乾かす。
8　10～12回の染液で7と同じようにして染め重ねる。
9　何回も水をかえてよく洗い、天日で乾かす。これで仕上げれば薄紫であるが堅牢度は低い。

経糸

1寸（38ミリ）間65羽

浅紫　6羽
香色　5羽
浅紫　2羽
香色　2羽
浅紫　3羽
香色　5羽

10　紫草の根800gを用いて2〜9の工程を繰り返して染め重ねる。
　　さらに紫草の根800gで染め重ねれば紫になり、さらに何回も染めを繰り返せば濃紫になる。もし赤身が多い場合は最後に灰汁に浸してから仕上げる。

香色《こういろ》

平安時代の文学の随所に記されているが、姫君の夏の衣料としての記述が多い。おそらく肉桂《にっけい》で染めた色であったと思える。いくらか赤味のある明るい薄茶色である。

肉桂《にっけい》による香色（経の地糸に使用）

絹糸1kgを染めるための材料：肉桂（樹皮）200g　灰汁10ℓ

1　肉桂の樹皮200gを3ℓの水に入れて熱し、沸騰してから20分間熱煎して煎汁を取る。同じようにして8回まで煎汁を取り、全部の煎汁を一緒にして染液にする。
2　染液を熱して糸を浸し、10分間煮染したあと、染液が冷えるまで置き、よく拡げて天日で中干しする。
3　染液を再び熱して中干しした糸を浸し、15分間煮染したあと、染液が冷えるまで浸して置く。
4　灰汁10ℓに染糸を30分間浸してから、絞ったまま1時間置き、よく水洗いして天日で乾かす。

杏による樺色（緯糸に使用）…▸ 41ページ参照

18. 経縞　変《かわ》り縞《じま》

名もない種々の縞を変り縞また替り島といった。普通は経縞である。

『守貞漫稿』には「又種々の名の無い縞を号てかわりじまと云。織糸二三色或は五六色交ゆもあり、紺、浅葱、縹、茶、黄等を交へ、又藍或は茶の一色濃淡あり。凡て替り島と云」とある。

大名縞に両子持縞を合わせた変形、棒抱きも加えられている。遠目には大名縞に見えるがこのような変り縞も多く織られていた。

夏目漱石の『彼岸過迄』に「変り縞の膝掛」とある。

経糸

1寸（38ミリ）間65羽

唐茶	2羽
蘇芳色	3羽
唐茶	2羽
白茶	2羽
唐茶	2羽
白茶	2羽
唐茶	5羽
白茶	2羽
唐茶	2羽
白茶	2羽
唐茶	5羽
白茶	2羽
唐茶	2羽
白茶	6羽
以上一縞	以下繰り返し

白茶《しらちゃ》

室町後期からの色名と思える。江戸時代では「しらちゃ」または「しろちゃ」といっている。『延喜式』には白橡《しらつるばみ》とある。極薄い白に近い茶色である。

樟《くすのき》による白茶（経の地糸に使用）

絹糸1kgを染めるための材料： 樟（緑葉）500g　明礬30g

1　樟の緑葉500gを6ℓの水に入れて熱し、沸騰してから20分間熱煎して煎汁を取る。同じようにして4回まで煎汁を取って染液にする。
2　染液を熱して糸を浸し、10分間煮染したあと、染液が冷えるまでか、または一晩その液に浸して置く。
3　明礬30gを溶かしたぬるま湯に、染糸を20分間浸して媒染したあと、よく水洗いする。
4　染液を再び熱して媒染した糸を浸し、15分間煮染する。
5　何回も水をかえてよく洗い、天日で乾かす。染糸には樟の香が残っている。

椋《むくのき》による唐茶（経の筋糸に使用）…▸ 34ページ参照

蘇枋《すおう》による蘇芳色《すおうじき》（経の筋糸に使用）…▸ 37ページ参照

緯糸

1寸（38ミリ）間約70本

山吹色　　2丁杼

山吹色《やまぶきいろ》

平安時代の装束の山吹色は梔子《くちなし》による染色で、いくらか赤味のある黄色である。山吹色を染めるには、梔子の他には紅花《べにばな》の黄色液、またマリゴールドの花を用いる。

紅花による山吹色（緯糸に使用）

絹糸1kgを染めるための材料： 紅花（乱花・中国産）400g　クエン酸10g　第一塩化錫20g

1　紅花400gを7ℓのぬるま湯に浸して2時間置き、花を絞って黄色の液を取る。同じようにして3回まで黄色の液を取って染液にする。
2　染液にクエン酸10gを入れて熱し、糸を浸して20分間煮染したあと、染液が冷えるまでか、都合では一晩染液に浸して置く。
3　塩化第一錫20gを溶かした水に、染糸を20分間浸して媒染し、よく水洗いする。
4　染液を再び熱して媒染した糸を浸し、20分間煮染したあと、染液が冷えるまで浸して置く。
5　何回も水をかえて充分に洗い、天日で乾かす。
　黄色の液を取ったあとの紅花はよく乾燥して保存し、紅色を染める時に使用する。

経糸

1寸(38ミリ)間65羽

藤鼠	16羽
金茶	2羽
藤鼠	10羽
金茶	16羽
藤鼠	16羽
金茶	7羽
藤鼠	16羽
金茶	3羽
藤鼠	3羽
金茶	10羽
藤鼠	10羽
金茶	7羽
藤鼠	20羽
金茶	16羽
藤鼠	7羽
金茶	7羽
藤鼠	3羽
金茶	14羽

以上一縞　以下繰り返し

19. 経縞　変《かわ》り縞《じま》

一幅のなかに太細不同の縞を立てたもので滝縞の変形である。これよりももっと細かい縞だけの不同のものが浮世絵には描かれている。

藤鼠《ふじねずみ》

江戸時代に流行した色で、主として五倍子《ごばいし》の鉄媒染によって染められた。藤色煤竹《すすだけ》、藤納戸また鳩羽鼠《はとばねずみ》、鳩鼠《はとねずみ》ともいわれた。

桂《かつら》による藤鼠（経糸に使用）

絹糸1kgを染めるための材料： 桂（緑葉）1kg　塩化第一鉄15g

1　桂の緑葉1kgを10 ℓ の水に入れて熱し、沸騰してから20分間熱煎して煎汁を取る。同じようにして2回まで煎汁を取って染液にする。

2　染液を熱して糸を浸し、10分間煮染したあと、染液が冷えるまでか、都合では一晩染液に浸して置く。

3　塩化第一鉄15gを溶かしたぬるま湯に、染糸を20分間浸して媒染し、よく水洗いする。

4　染液を再び熱して媒染した糸を浸し、15分間煮染したあと、すぐ水洗いしてよく拡げて天日で中干しする。

5　2回煎汁を取った緑葉を再び煎じて4回まで煎汁を取り染液にする。

6　3～4回の染液を熱し、中干しした糸を浸して20分間煮染する。

7　何回も水をかえてよく洗い、天日で乾かす。

金茶《きんちゃ》

江戸時代の色名に金茶、金煤竹とある。主として楊梅《やまもも》または鬱金《うこん》で染色している。江戸時代に流行した色である。

楊梅による金茶（経糸に使用）

絹糸1kgを染めるための材料： 楊梅（樹皮）300g　硫酸銅30g

1　楊梅の樹皮300gを6 ℓ の水に入れて熱し、沸騰してから20分間熱煎して煎汁を取る。同じようにして8回まで煎汁を取るが、1～4回の煎汁は一晩置いた上で上澄液だけを使用する。

2　5～8回の染液を熱して糸を浸し、10分間煮染したあと、染液が冷えるまでか、または一晩その液に浸して置く。

3　硫酸銅15gを溶かしたぬるま湯に染糸を20分間浸して媒染したあと、よく水洗いする。

4　染液を再び熱して媒染した糸を浸し、15分間煮染したあと、染液が冷えるまで浸して置く。

5　よく水洗いしてからよく拡げて天日で中干しする。

6　1～4回の煎汁の上澄液を熱して中干しした糸を浸し、2から4までの工程を繰り返して染め重ねる。

7　何回も水をかえてよく洗い、天日で乾かす。

藪萱草《やぶかんぞう》による裏葉色（緯糸に使用）

絹糸1kgを染めるための材料： 藪萱草（緑草）1kg　硫酸銅30g

手法は52ページ、薙刀茅《なぎなたがや》による裏葉色と同じ工程で染色する。

緯糸

1寸（38ミリ）間約80本

裏葉色　　2丁杼

20. 経縞　変《かわ》り縞《じま》

沖縄の織物に多い大きな縞割。これも変り縞の一種である。このような大きな縞割のものは普通大縞と呼ばれていたらしい。

『守貞漫稿』には「江戸では御殿女中の略服、又その下輩の晴着用」とある。

大小筋が混じるものもあったという。

経糸

1寸（38ミリ）間65羽

檳榔子色	3羽
鼠色	3羽
蘇芳色	6羽
鼠色	26羽
檳榔子色	3羽
鼠色	1羽
檳榔子色	3羽
鼠色	1羽
檳榔子色	3羽
鼠色	13羽
蘇芳色	6羽
檳榔子色	5羽
蘇芳色	6羽
鼠色	13羽
檳榔子色	3羽
鼠色	1羽
檳榔子色	3羽
鼠色	13羽
蘇芳色	6羽
鼠色	30羽
蘇芳色	3羽
檳榔子色	6羽
蘇芳色	14羽
檳榔子色	6羽
蘇芳色	3羽
鼠色	33羽

以上一縞　以下繰り返し

櫟《くぬぎ》による鼠色(経の地糸と緯糸に使用)

絹糸1kgを染めるための材料: 櫟(樹皮)500g　塩化第一鉄30g

1　櫟の樹皮500gを7ℓの水に入れて熱し、沸騰してから20分間熱煎して煎汁を取る。同じようにして3回まで煎汁を取って染液にする。
2　染液を熱して糸を浸し、10分間煮染したあと、染液が冷えるまでか、都合では一晩染液に浸して置く。
3　塩化第一鉄15gを溶かしたぬるま湯に染糸を20分間浸して媒染し、よく水洗いする。
4　染液を再び熱して媒染した糸を浸して、15分間煮染したあと、すぐ水洗いして中干しする。
5　3回まで煎汁を取った樹皮を再び同じようにして煎じ、6回まで煎汁を取り染液にする。
6　4～6回の染液を用いて2～4の工程を繰り返して染め重ねる。
7　何回も水をかえてよく洗い、天日で乾かす。

檳榔子黒《びんろうじぐろ》

黒染に檳榔子《びんろうじ》を用いたのは室町時代からと思われる。藍下地の上に檳榔子、石榴《ざくろ》、五倍子《ごばいし》、楊梅《やまもも》などを用いて染めた純黒色をいった。

檳榔子と藍草《あい》と楊梅による檳榔子黒(経の筋糸に使用)

絹糸1kgを染めるための材料: 藍草(葉)900g　檳榔子(実)300g
楊梅(樹皮)200g　塩化第一鉄40g

1　113ページ、紺の手法で糸を紺に染めて置く。
2　檳榔子の実の細かく刻んだもの300gと楊梅の樹皮200gを一緒に6ℓの水に入れて熱し、沸騰してから20分間熱煎して煎汁を取る。同じようにして4回まで煎汁を取って染液にする。
3　染液を熱して90℃になったら紺に染めた糸を浸し、糸を繰り返しながら5分間煮染したあと、染液が冷えるまでか、都合では一晩染液に浸して置く。
4　塩化第一鉄20gを溶かしたぬるま湯に、染糸を20分間浸して媒染し、よく水洗いする。
5　染液を再び熱して、90℃になったら媒染した糸を浸し、糸を繰り返しながら5分間煮染したあと、染液が冷えるまで置く。
6　よく水洗いしたあとよく拡げて天日で中干しする。
7　4回まで煎汁を取った染材を再び熱煎して8回まで煎汁を取り、染液にする。
8　5～8回の染液を用いて、3～5の工程を繰り返して染め重ねる。
9　何回も水をかえて充分に洗い、天日で乾かす。

蘇枋による蘇芳色《すおうじき》(経の筋糸に使用) …▶ 37ページ参照

緯糸

1寸(38ミリ)間約80本

鼠色　2丁杼

経糸

1寸(38ミリ)間65羽

焦茶・香色　きりかえ　10羽
香色　3羽
焦茶　1羽
檜皮色　4羽
焦茶　1羽
香色　3羽
焦茶　1羽
檜皮色　4羽
焦茶　1羽
香色　3羽
焦茶・香色　きりかえ　10羽
香色　1羽
若草色　3羽
香色　1羽
若草色　3羽
香色　1羽

以上一縞　以下繰り返し

21. 経縞　変《かわ》り縞《じま》

金通縞の変形のなかにきりかえ縞を入れたもの。きりかえ縞とは上糸と下糸に違った色糸を用いた縞。江戸後期から明治にかけてこのきりかえ縞を入れた縞は多くみられる。『守貞漫稿』に「又男子も童形には上着にも之用不(千筋のこと)替り縞を用ふ」とある。

若草色《わかくさいろ》

いつ頃からあった色名かははっきりしないが、若草の色である。平安時代の色名の萌木《もえぎ》、萌黄《もえぎ》、萌葱《もえぎ》はもう少し濃い色と思えるので、薄萌木であろうか。

槐《えんじゅ》と藍草による若草色（経の筋糸に使用）

絹糸1kgを染めるための材料： 槐（花蕾）150g　藍草（緑葉）1kg　明礬30g　過酸化水素水10cc

1　槐の花蕾150gを4ℓの水に入れて熱し、沸騰してから20分間熱煎して煎汁を取る。同じようにして6回まで煎汁を取って染液にする。

2　染液を熱して糸を浸し、10分間煮染したあと、染液が冷えるまでか、都合では一晩染液に浸して置く。

3　明礬30gを溶かしたぬるま湯に染糸を20分間浸して媒染し、よく水洗いする。

4　染液を再び熱して媒染した糸を浸し、15分間煮染したあと、染液が冷えるまで置く。

5　よく水洗いしてから天日で乾かす。

6　数日以上置いてから黄色に染めた糸を四等分する。

7　藍草の緑葉50gをミキサーに入れ、水を八分目まで加えて擂りつぶし、麻布などの袋にあける。これを5回繰り返して液を絞った染液にする。

8　四等分した糸（250g）を染液に20～30分浸して置く。途中で一回糸を絞って風を入れる。

9　過酸化水素水2.5cc（糸の量の1％）を入れた水に染糸を20分間浸して酸化させる。

10　何回も水をかえて洗ったあと天日で乾かす。必ず天気のよい日に染色しないと色がさえない。

11　あとの糸も同じようにして染色する。

椋《むくのき》による檜皮色《ひわだいろ》（経の筋糸に使用）

絹糸1kgを染めるための材料： 椋（緑葉）1kg　硫酸銅20g

1　椋の緑葉1kgを7ℓの水に入れて熱し、沸騰してから20分間熱煎して煎汁を取る。同じようにして4回まで煎汁を取って染液にする。

2　染液を熱して糸を浸し、10分間煮染したあと、染液が冷えるまでか、都合では一晩染液に浸して置く。

3　硫酸銅20gを溶かしたぬるま湯に染糸を20分間浸して媒染し、よく水洗いする。

4　染液を再び熱して媒染した糸を浸して20分間煮染する。

5　何回も水をかえてよく洗い、天日で乾かす。

肉桂《にっけい》による香色（経の地糸に使用）

…▶ 57ページ参照

赤芽槲《あかめがしわ》による焦茶（経の筋糸に使用）

…▶ 93ページ参照

冬青《そよご》による赤茶（緯糸に使用）

…▶ 119ページ参照

緯糸

1寸（38ミリ）間約80本

赤茶　2丁杼

アレンジされた経縞

（上列）　17．変り縞56ページ
（中列左から）12．子持筋46ページ
18．変り縞58ページ
（下列左から）14．双子筋50ページ
21．変り縞64ページ

22. 経縞　鰹縞《かつおじま》

江戸時代から明治にかけて流行した縞に、鰹縞がある。鰹の背から腹にかけての色の変化を、藍染の紺《こん》、縹《はなだ》、濃浅黄《のうあさぎ》、浅黄《あさぎ》、水色《みずいろ》の五色の濃淡を順々に配したもので、洒落た思いつきである。一縞のなかに二縞のもの三縞のもの、また細かい縞にしたものもある。細かい三色から四色の縞にしたものは唐桟にある。

有島武郎の『或る女』には「大きな五つ紋の黒羽織に白っぽい鰹魚縞の袴をはいて」とある。

経糸（綿糸40番双糸）
1寸（38ミリ）間45羽
紺　30羽
縹　30羽
濃浅黄　30羽
浅黄　30羽
水色　30羽
以上一縞　以下繰り返し

綿糸による紺（経糸、緯糸に使用） …▶ 117ページ参照

綿糸による縹（経糸に使用）

綿糸1kgを染めるための材料： 藍草（蒅）400g

1 糸を湯に浸してから絞り、糸を両手でさばき、風を入れて置く。
2 灰汁建した藍甕に竹棒を通した糸を静かに浸し、綛《かせ》の上下を数回繰り返して5分間藍液に浸して置き、糸を液から上げて2本の竹棒で堅く絞り、糸をさばいて糸が離れるようにしながら風を入れて酸化させる。
3 糸を再び藍甕に浸し、同様の操作を繰り返す。
4 染糸を竿に通し、日陰に薄く拡げて風にあてて中干しする。
5 中干しした糸を再び藍甕に浸し、2〜3の工程を繰り返して染め重ねる。
6 染め上がった糸を竿に通して、日陰に薄く拡げて風にあてる。30分〜1時間置いてから水洗いし、流水か多量の水に一晩浸したあとよく水洗いする。
7 なるべく長い期間を置いてから何回もよく水洗いして仕上げる。

綿糸による濃浅黄（経糸に使用）

綿糸1kgを染めるための材料： 藍草（蒅）150g

1 糸を湯に浸してから絞り、糸を両手でさばき風を入れて置く。
2 灰汁建した藍甕に竹棒を通した糸を静かに浸し、綛の上下を数回繰り返して5分間藍液に浸して置き、糸を液から上げて2本の竹棒で堅く絞り、糸をさばいて糸が離れるようにしながら風を入れる。
3 糸を再び藍甕に浸し、同様の操作を繰り返す。
4 染めあがった糸を竿に通して、日陰で薄く拡げて風にあてる。30分〜1時間置いてから水洗いし、流水か多量の水に一晩浸したあとよく水洗いする。

緯糸（綿糸20番単糸）

1寸（38ミリ）間約80本

● 紺　2丁杼

綿糸による浅黄（経糸に使用） …▶ 123ページ参照

綿糸による水色（経糸に使用）

綿糸1kgを染めるための材料： 藍草（蒅）30g

1 薄色を染める場合には蒅《すくも》の量を少なくして藍建した薄色専用の甕を用いて染色する。
2 糸を湯に浸してから絞り、糸を両手でさばき風を入れて置く。
3 薄色専用の藍甕に、竹棒を通した糸を静かに浸し、綛の上下を数回繰り返しながら（手を離すと染めむらになる）3分間藍液に浸し糸を液から上げて、2本の竹棒で堅く絞り、糸をさばいて風を入れて酸化させる。
4 染糸を竿に通して日陰で薄く拡げて風にあてる。30分ぐらいでよく水洗いしてから天日で短時間で乾かす。なお、藍の薄色の染めたては退色しやすいので乾いたらすぐ紙で包んで暗い場所にしまって置く。半年以上経った糸はそのわりには退色しない。

23. 経縞　間道《かんとう》

間道は広東、漢東、漢唐、漢渡、漢褐、間絢、邯鄲《かんたん》などとも書かれる縞織物をいう。普通絹織物であって中国華中華南の産で、室町時代から桃山時代にかけて大量に勘合船や南蛮船によって各種のものが渡来したが、名物裂にある間道類は入宋僧によって持ち帰ったものといわれる。

名物裂の一つ、青木間道は、赤、薄茶、縹、黄、紅の五色の立縞の間に焦茶の筋を入れたものである。

緯糸

1寸（38ミリ）間約85本

茶色　2丁杼

焦茶　2羽
蘇芳色　13羽
焦茶　2羽
白茶　13羽
焦茶　2羽
縹　13羽
以上一縞　以下繰り返し

織糸の色と染め方

紅《くれない》

古代の紅は、紅花で染めた黄味のある赤である。江戸時代には紅花の紅色系を分離して、鬱金《うこん》などで黄色を染めた上に紅をかけて染めている。

紅花とコチニールによる紅（経糸に使用）

絹糸1kgを染めるための材料：紅花（乱花・中国産）400g
コチニール（介殻虫）120g　クエン酸10g　氷酢酸6cc　塩化第一錫50g

1. 59ページ、紅花による山吹色の工程によって糸を山吹色に染めて置く。
2. コチニール120gを6ℓの水に入れて熱し、氷酢酸2ccを加え、沸騰してから15分間熱煎して煎汁を取る。同じようにして4回まで煎汁を取って染液にする。ただし氷酢酸を加えるのは2回目まででよい。
3. 染液を熱して糸を浸し、10分間煮染したあと、染液が冷えるまでか、都合では一晩染液に浸して置く。
4. 塩化第一錫15gを入れた水に染糸を20分間浸して媒染し、よく水洗いする。
5. 染液を再び熱して氷酢酸1ccを加えて媒染した糸を浸し、15分間煮染したあと水洗いして中干しする。
6. 4回まで煎汁を取ったコチニールを用いて8回まで煎汁を取り染液にして、3〜5の工程を繰り返して染め重ねる。充分に水洗いし、天日で乾かす。

樟《くすのき》による白茶（経糸に使用） …▸ 59ページ参照

蘇枋《すおう》による蘇芳色（経糸に使用） …▸ 37ページ参照

経糸
1寸（38ミリ）間65羽
焦茶　2羽
菜花色　13羽
焦茶　2羽
紅　13羽

合歓木《ねむのき》による菜花色（経糸に使用）　…▸ 73ページ参照

藍草《あい》による縹（経糸に使用）　…▸ 97ページ参照

熊野水木《くまのみずき》による焦茶（経の筋糸に使用）

絹糸1kgを染めるための材料：　熊野水木（緑葉）1kg　塩化第一鉄20g
灰汁10ℓ

手法は93ページ赤芽槲による焦茶と同じ工程で染色する。

櫟《くぬぎ》による茶色（緯糸に使用）

絹糸1kgを染めるための材料：　櫟（樹皮）500g　硫酸銅30g

1　櫟の樹皮500gを7ℓの水に入れて熱し、沸騰してから20分間熱煎して3回まで煎汁を取る。
2　染液を熱して糸を浸し、10分間煮染したあと、染液が冷えるまでか、都合では一晩染液に浸して置く。
3　硫酸銅15gを溶かしたぬるま湯に染糸を20分間浸して媒染し、よく水洗いする。
4　染液を再び熱して媒染した糸を浸し、15分間煮染したあと、染液が冷えるまで置き、中干しする。
5　3回まで煎じた樹皮を再び同じようにして煎じ、6回まで煎汁を取り染液にする。
6　4～6回の染液を用いて2～4の工程を繰り返して染め重ね、水洗いしたあと、天日で乾かす。

24. 経縞　間道《かんとう》

　間道の文字について、間はまざる、まじる、道は筋のことであるので、縞織物に間道の文字をあてたという。間道縞のなかには赤い色糸を使用したものが多い。名物裂の鎌倉間道もその一つで、代表的なものである。

濃赤	1羽
菜花色	7羽
濃赤	1羽
若草色	1羽
以上一縞	以下繰り返し

織糸の色と染め方

● 黄蘗《きはだ》とコチニールによる濃赤（経の地糸と緯糸に使用）

絹糸1kgを染めるための材料：黄蘗（樹皮）400g
コチニール（介殻虫）400g　氷酢酸10cc　塩化第一錫45g

1　黄蘗の樹皮（内皮）400gを4ℓの水に入れて熱し、沸騰してから20分間熱煎して煎汁を取る。同じようにして6回まで煎汁を取って染液にする。
2　染液を熱して糸を浸し、15分間煮染したあと、染液が冷えるまで浸して置き、水洗いして天日で中干しする。
3　染液を再び熱して中干しした糸を浸し、15分間煮染したあと、染液が冷えるまで浸して置く。
4　塩化第一錫15gを溶かした水に染糸を20分間浸して媒染し、よく水洗いして天日で乾かす。
5　コチニール200gを6ℓの水に入れて、氷酢酸2ccを加え、沸騰してから15分間熱煎して煎汁を取る。同じようにして4回まで煎汁を取って染液にする。ただし氷酢酸を加えるのは2回目まででよい。なお4回まで煎汁を取ったコチニールは乾かして保存して置けば、薄色を染めるときに使用できる。
6　染液を熱して黄蘗で染めた4の糸を浸し、15分間煮染したあと、染液が冷えるまで浸して置く。
7　塩化第一錫15gを溶かした水に染糸を20分間浸して媒染し、よく水洗いする。
8　染液を再び熱して氷酢酸1ccを加えて、媒染した糸を浸し、15分間煮染したあと、染液が冷えるまで浸して置き、水洗いしてから天日で乾かし、数日以上期間を置く。
9　新しくコチニールを用いて200gを用いて5〜8の工程で染め重ね、充分に水洗いしてから天日で乾かす。

緯糸

1寸(38ミリ)間約85本

濃赤	2丁杼

経糸

1寸(38ミリ)間65羽

濃赤	16羽
若草色	1羽
薄紫	1羽
緑	1羽
薄紫	1羽
緑	1羽
薄紫	1羽
緑	1羽
薄紫	1羽
緑	1羽
薄紫	1羽
若草色	1羽
濃赤	16羽
若草色	1羽
濃赤	1羽
菜花色	7羽
濃赤	1羽
薄紫	1羽
緑	1羽
薄紫	1羽
緑	1羽
薄紫	1羽

菜花色

なのはないろ

平安時代の装束の花葉色。レモン色のようないくらか青味の黄色。菜花色を染めるには合歓木《ねむのき》、苦参《くらら》、梅檀《せんだん》などの緑葉を用いる。

合歓木による菜花色(経の筋糸に使用)

絹糸1kgを染めるための材料：合歓木(緑葉)1kg　明礬60g

1　合歓木の緑葉500gを6ℓの水に入れて熱し、沸騰してから20分間熱煎して4回まで煎汁を取る。
2　染液を熱して糸を浸し、10分間煮染したあと、染液が冷えるまでか、都合では一晩染液に浸して置く。
3　明礬30gを溶かしたぬるま湯に染糸を20分間浸して媒染し、よく水洗いする。
4　染液を再び熱して媒染した糸を浸し、15分間煮染したあと、染液が冷えるまで置き、中干しする。
5　新しく合歓木の緑葉500gを用いて、1～3の工程で染め重ねる。この場合は最後を媒染で終わる。
6　何回も水を取りかえて充分に洗ったあと、天日で乾かす。

藍草《あい》と槐《えんじゅ》による緑(経の筋糸に使用)

…▸ 33ページ参照

槐と藍草による若草色(経の筋糸に使用)

…▸ 65ページ参照

ロッグウッドによる薄紫(経の筋糸に使用)

絹糸1kgを染めるための材料：ロッグウッド(幹材)50g　塩化第一錫15g

染色の方法は50ページ、ロッグウッドによる紫と同じ工程で染める。

25. 経縞　間道《かんとう》

名物裂《めいぶつぎれ》のなかで経縞の裂は間道といい、経縞地に金糸を織り込んで文様をあらわしたものを立縞金襴《きんらん》といっている。金春、金剛、高木、伊東、四座、江戸和久田などである。

文様を除くと経縞になり間道になるが、これらの色糸を一定の寸法で並べている経縞は多い。

金春立縞金襴の金襴を除いて経縞だけを織ってみた。

緯糸

1寸（38ミリ）間約80本

芥子色 ｝追杼
金茶

浅黄　8羽
土器茶　8羽
紺　8羽
白茶　8羽
以上一縞　以下繰り返し

織糸の色と染め方

薄青《うすあお》

平安時代の色名で青の薄い色。青緑の薄色。藍草と刈安などで染めたものと思われる。

琉球藍《りゅうきゅうあい》による薄青（経糸に使用）

絹糸1kgを染めるための材料：琉球藍（緑葉）1kg　過酸化水素水10cc

手法は97ページ、藍草による浅黄と同じ工程で染色する。

桷《ずみ》による金茶（経糸に使用）

絹糸1kgを染めるための材料：桷（樹皮）400g　硫酸銅30g

1　桷の樹皮400gを6ℓの水に入れて熱し、沸騰してから20分間熱煎して4回まで煎汁を取り染液にする。
2　1〜4回の染液を熱して糸を浸し、10分間煮染したあと、染液が冷えるまで浸して置く。
3　硫酸銅15gを溶かしたぬるま湯に、染糸を20分間浸して媒染したあと、よく水洗いする。
4　染液を再び熱して媒染した糸を浸し、15分間煮染したあと、染液が冷えるまで浸して置き、中干しする。
5　1と同じようにして、5〜8回までの煎汁を取り、染液にする。
6　5〜8回の煎汁を熱して、2〜4の工程を繰り返して染め重ね、水洗いした上で天日で乾かす。
　緑葉を小枝ごと刻んで用いるのもよい。緑葉の方が少し赤味の色になる。

錦木《にしきぎ》による白茶（経糸に使用）

絹糸1kgを染めるための材料：錦木（樹皮）500g　明礬30g

手法は41ページ、樺色と同じ工程で染色する。

経糸

1寸(38ミリ)間65羽

薄青　8羽

鳶色　8羽

金茶　8羽

藍草による紺(経糸に使用) …▸ 113ページ参照

小梅檀草《こせんだんぐさ》による土器茶(経糸に使用) …▸ 105ページ参照

藍草による浅黄(経糸に使用) …▸ 97ページ参照

冬青《そよご》による鳶色(経糸に使用) …▸ 109ページ参照

背高泡立草《せいたかあわだちそう》による芥子色《からしいろ》(緯糸に使用)

絹糸1kgを染めるための材料： 背高泡立草(緑草) 2kg　硫酸銅 40g
灰汁 10 ℓ

1 背高泡立草の生の茎葉1kgを細かく刻み、7 ℓ の水に入れて熱し、沸騰してから20分間熱煎して煎汁を取る。同じようにして3回まで煎汁を取って染液にする。
2 染液を熱して糸を浸し、10分間煮染したあと、染液が冷えるまでか、都合では一晩染液に浸して置く。
3 硫酸銅20gを溶かしたぬるま湯に、染糸を20分間浸して媒染し、よく水洗いする。
4 染液を再び熱して媒染した糸を浸し、15分間煮染したあと、染液が冷えるまで置き、中干しする。
5 新しく背高泡立草1kgを用いて、以上の工程を繰り返して染め重ねる。
6 灰汁10 ℓ に染糸を30分間浸したあと、何回も水をかえてよく洗い、天日で乾かす。

楊梅による金茶(緯糸に使用) …▸ 61ページ参照

26. 経縞　間道《かんとう》

間道裂は多く茶器の袋類に用いられていたので茶道に関連した縞物をいう場合もある。

江戸和久田立縞金襴の金襴を除いた立縞だけを織ってみた。八色の糸を同じ幅に並べて織ったもの、その繰り返しである。経縞だけにしたので一応間道ということにした。

緯糸

1寸（38ミリ）間約75本

銀鼠　　2丁杼

檜皮色	26羽
柑子色	26羽
白茶	26羽
若草色	26羽
縹	26羽
以上一縞	以下繰り返し

織糸の色と染め方

青磁色《せいじいろ》

平安時代の装束の色。中国の陶器の青磁からきた色名である。藍《あい》草と黄蘗《きはだ》などで染めた色であるが、藍草の生薬を用いると銅媒染で青磁色が染まる。

藍草による青磁色（経糸に使用）

絹糸1kgを染めるための材料：藍草（緑葉）1kg　硫酸銅20g
染める糸を四等分して染色する。

1　藍草の生葉50gをミキサーに入れ、水を八分目まで加えて擂りつぶし、麻袋などにあける。これを5回繰り返して液を絞って染液にする。
2　四等分した糸（250g）を染液に浸し、20分間浸して置く。途中で一回糸を絞って風を入れる。
3　硫酸銅5gを入れた水に20分間染糸を浸して媒染し、再び染液に媒染した糸を20分間浸して置く。
4　何回も水をかえてよく洗い、天日で乾かす。よく晴れた日に染色しないと色が冴えない。

柑子色《こうじいろ》

平安時代の装束の色で、萱草色《かんぞういろ》も同じ。『延喜式』の深支子《ふかきくちなし》も同色と思われる。現代の蜜柑色《みかんいろ》である。梔子《くちなし》と紅花で染めた少し赤味のある黄色。マリゴールドで染めることもできる。

梔子《くちなし》とコチニールによる柑子色（経糸に使用）

絹糸1kgを染めるための材料：梔子（実）500g　コチニール（介殻虫）20g
塩化第一錫30g　氷酢酸2cc

1　梔子の実500gを4ℓの水に入れて熱し、沸騰してから20分間熱煎して6回まで煎汁を取り染液にする。
2　染液を熱して糸を浸し、10分間煮染したあと、染液が冷えるまでか、都合では一晩浸して置く。
3　塩化第一錫15gを溶かした水に、染糸を20分間浸して媒染し、よく水

経糸
1寸(38ミリ)間65羽
金茶　26羽
紅　26羽
青磁色　26羽

洗いする。

4　染液を再び熱して媒染した糸を浸し、15分間煮染したあと、染液が冷えるまで置き、中干しする。

5　コチニール20gを3ℓの水に入れ、氷酢酸1ccを加え、沸騰してから20分間熱煎して煎汁を取る。同じようにして8回まで煎汁を取り染液にする。ただし氷酢酸を加えるのは一回だけでよい。

6　染液を熱して梔子で染めた糸を浸し、10分間煮染したあと、染液が冷えるまで浸して置く。

7　塩化第一錫15gを溶かした水に染糸を20分間浸して媒染し、よく水洗いする。

8　染液を再び熱して氷酢酸1ccを加えて、媒染した糸を浸し、20分間煮染する。

9　何回も水をかえてよく洗い、天日で乾かす。

藍草による縹(経糸に使用) …▸ 97ページ参照

槐《えんじゅ》と藍草による若草色(経糸に使用) …▸ 65ページ参照

樟《くすのき》による白茶(経糸に使用) …▸ 59ページ参照

椋《むくのき》による檜皮色(経糸に使用) …▸ 65ページ参照

紅花とコチニールによる紅(経糸に使用) …▸ 70ページ参照

楊梅《やまもも》による金茶(経糸に使用) …▸ 61ページ参照

臭木による銀鼠(緯糸に使用) …▸ 119ページ参照

27. 経縞　弁柄縞《べんがらじま》

東インド・ベンガル地方で織られた縞で江戸時代に輸入しているが、それを模して日本でも相当量作られている。主として赤茶地のものが多い。経糸に絹糸を用い、緯糸には綿糸を使用している。またカピタン縞ともいわれた。

江戸時代にはへんから嶋、ベンガラ島とある。『和漢三才図会』には「榜葛剌紬《べんがらつむぎ》　按榜葛剌は天竺国の名此より出る　紬緯《ぬき》は木綿経は絲苧に以て而脆　多は縦柳条《たてしま》也」とある。

経糸が絹で緯糸が綿糸であったことに特徴があったのだろうが、弁柄紬ともいわれていた。

『万金産業袋』には「ベンガラは幅三尺九寸、地色煤竹色　樺色　縞文様千筋　棒筋　タカの羽　トカゲ島　但し立島をいう」とある。

経糸　1寸（38ミリ）間65羽

樺色	15羽
緑	1羽
樺色	1羽
白	1羽
緋色	15羽
白	1羽
樺色	1羽
緑	1羽
樺色	15羽
焦茶	13羽
樺色	15羽
緑	1羽
樺色	1羽
白	1羽
緋色	15羽
白	1羽
樺色	1羽
緑	1羽
樺色	15羽
緋色	1羽
浅黄	15羽
緋色	1羽
以上一縞	以下繰り返し

緋色《ひいろ》

古代の服色の緋《あけ》は茜草《あかねぐさ》による染色であるが、中世以降の緋色は紅染の濃い色を指すようになった。江戸時代には紅染の他に黄色染料と蘇枋での染色もあった。

楊梅《やまもも》とコチニールによる緋色(経の筋糸に使用)

絹糸1kgを染めるための材料: 楊梅(樹皮)400g　コチニール(介殻虫)300g　氷酢酸6cc　塩化第一錫45g

1　楊梅の樹皮400gを6ℓの水に入れて熱し、沸騰してから20分間熱煎して煎汁を取る。同じようにして8回まで煎汁を取るが、1〜4回の煎汁は一晩置いた上澄液を用いる。
2　5〜8回の染液を熱して糸を浸し、10分間煮染したあと、染液が冷えるまで浸して置く。
3　塩化第一錫15gを溶かした水に染糸を20分間浸して媒染し、よく水洗いする。
4　染液を再び熱して媒染した糸を浸して15分間煮染したあと、染液が冷えるまで置き、中干しする。
5　1〜4回の煎汁の上澄液を用いて2〜4の工程で染め重ねる。
6　コチニール300gを3ℓの水に入れ、氷酢酸2ccを加えて熱し、沸騰してから20分間熱煎して煎汁を取る。同じようにして8回煎汁を取り染液にする。ただし氷酢酸を加えるのは2回目まででよい。
7　染液を熱し楊梅で染めた糸を浸して15分間煮染したあと、染液が冷えるまで浸して置く。
8　塩化第一錫15gを溶かした水に20分間染糸を浸して媒染し、よく水洗いする。
9　再び染液を熱して氷酢酸2ccを加え、媒染した糸を浸し、15分間煮染したあと、染液が冷えるまで置く。
10　何回も水をかえてよく洗い、天日で乾かす。

緯糸

1寸(38ミリ)間約85本

薄茶　2丁杼

梅による樺色(経の地糸に使用)

絹糸1kgを染めるための材料: 梅(幹材)400g　明礬30g

染色の手法は41ページ、樺色と同じ工程で、杏の代わりに梅を用いて染める。

赤芽槲《あかめがしわ》による焦茶(経の筋糸に使用) …▸ 93ページ参照

藍草による浅黄(経の筋糸に使用) …▸ 97ページ参照

藍草と槐による緑(経の筋糸に使用) …▸ 33ページ参照

空木《うつぎ》による薄茶(緯糸に使用)

絹糸1kgを染めるための材料: 空木(緑葉)1kg　灰汁10ℓ

染色の手法は91ページ、薄茶と同じ工程で櫟の樹皮の代わりに空木の緑葉を用いて染色する。

28. 経縞　桟留縞《さんとめじま》

近世のはじめインド・マドラス付近にあるサントメから渡来した木綿の縞織物で、赤また浅黄の入った縞を称した。

極細い手つむぎの綿糸を使い、砧《きぬた》仕上げがしてあるため地風はなめらかで光沢があり珍重されたが、それを模したものが日本でも多く作られるようになった。それを和さんとめともいった。

『徳川実記』に算留縞とあり、『守貞漫稿』には「日本製の木綿にさんとめ縞というあり、桟留の字を仮用せり」とある。また『和漢三才図会』には「桜三止女《さんとめ》は南天竺の国の名より出る。此より奥柳条《おくしま》と称す。多くは地蒼色而して紺と褐と與。縦柳条《たてしま》木綿厚く美也。算崩《くずし》の模様もまた有り。近年来る者やや劣れり。故に舊渡《もとわたり》の者を以て珍となす。大抵筬一歯に二縷入れるが、奥柳条は四縷を一歯と為す。倭より出ずるもの名を京奥柳条《しま》と名づく。真なる物に似ず」とある。日本で生産されるようになると、外来のものを唐桟留《とうざんどめ》、略して唐桟《とうざん》といったという。江戸文学のなかには「さんとめの袴」「下着はとんだふつり合にてさんとめの三すじだち」などとある。また北原白秋の『邪宗門』には「南蛮の桟留縞」ともある。赤系のものを奥嶋、紺地浅黄縞のものを青手ともいった。

経糸（綿糸60番双糸）
1寸（38ミリ）間50羽

金茶	3羽
黒	1羽
白	2羽
黒	1羽
金茶	3羽
赤	2羽
白	3羽
赤	7羽
白	3羽
赤	2羽
黒	2羽
白	2羽
黒	2羽
白	2羽
黒	2羽
赤	2羽
白	3羽
赤	7羽
白	3羽
赤	2羽
以上一縞	以下繰り返し

綿糸による金茶(経の筋糸に使用)

綿糸1kgを染めるための材料： 楊梅(樹皮)500g　硫酸銅40g

1　楊梅の樹皮500gを6ℓの水に入れて熱し、沸騰してから20分間熱煎して煎汁を取る。同じようにして8回まで煎汁を取るが、はじめに5～8回の煎汁を使用し、1～4回の煎汁は一晩置いた上澄液を用いる。
2　5～8回の染液を熱し、染糸を浸して15分間煮染したあと、一晩染液に浸して置く。
3　硫酸銅20gを溶かしたぬるま湯に、染糸を30分間浸して媒染し、よく水洗いする。
4　染液を再び熱して媒染した糸を浸して15分間煮染したあと、染液が冷えるまで置き、中干しする。
5　1～4回の染液の上澄液を熱して中干しした糸を浸し、15分間煮染したあと、一晩染液に浸して置く。
6　硫酸銅20gを溶かしたぬるま湯に、染糸を30分間浸して媒染し、よく水洗いする。
7　染液を再び熱して媒染した糸を浸して15分間煮染したあと、染液が冷えるまで置く。
8　何回も水を取りかえて充分に洗ったあと、天日で乾かす。

綿糸による黒(経の筋糸に使用) …▸ 39ページ参照

綿糸による赤(経の筋糸に使用) …▸ 85ページ参照

綿糸による肌色(緯糸に使用)

綿糸1kgを染めるための材料： 杏(幹材)800g　明礬60g
炭酸カルシウム20g

1　杏の幹材800gを細かく刻み、6ℓの水に入れて熱し、沸騰してから20分間熱煎して4回煎汁を取る。
2　染液を熱して糸を浸し、15分間煮染したあと一晩染液に浸して置く。
3　明礬30gと炭酸カルシウム10gを溶かしたぬるま湯に、染糸を30分間浸して媒染し、よく水洗いする。
4　染液を再び熱して媒染した糸を浸し、15分間煮染したあと、染液が冷えるまで置く。
5　よく水洗いしたあとよく拡げて天日で中干しする。
6　4回まで煎じた幹材を用いて1と同じようにして8回まで煎汁を取って染液にする。
7　5～8回の染液を用いて2～4の工程を繰り返して染め重ねる。
8　何回も水を取りかえてよく洗い、天日で乾かす。

緯糸(綿糸30番単糸)
1寸(38ミリ)間約80本
肌色　2丁杼

29. 経縞　唐桟縞《とうざんじま》

元来はインドのサントメから渡来したもので、日本では桟留縞が織られるようになってから、渡来品を唐桟留《とうざんどめ》また唐桟《とうざん》と称したといわれるが、サントメと限らず他の南方諸国の綿縞も唐桟といったものである。極細い手つむぎの綿糸で織った薄手の縞織物である。『守貞漫稿』には「唐桟縞　たうざんは皆必らず竪縞也」とある。また奥島、奥嶋ともいっていた。

江戸文学のなかには、唐ざん　唐桟　とあり、またあめとうの語もある。アメリカ人によって輸入されたからという。またうめとうざんともあるが、梅で染めた糸を主にして国産されたものと思われる。主として紺地に浅黄、赤、茶などの筋糸を入れたものが多い。

各地で唐桟を模したものが作られるようになり、唐桟の流行になるが、浮世絵にも多く描かれている。江戸時代綿縞が流行したことについて唐桟の果した役割は大きかった。

文久年間に川越で大量に織られたのが川越唐桟である。また川唐と呼んでいる。永井荷風の『腕くらべ』には「唐桟柄のお召の単衣」また里見弴の『今年竹』には「あらい唐桟柄の羽織」とある。

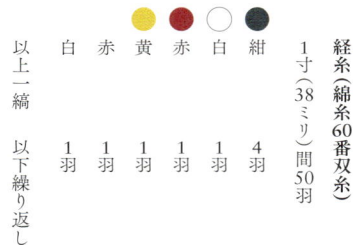

経糸（綿糸60番双糸）
1寸（38ミリ）間50羽
紺　4羽
白　1羽
赤　1羽
黄　1羽
赤　1羽
白　1羽
以上一縞　以下繰り返し

緯糸（綿糸30番単糸）
1寸（38ミリ）間約80本
紺　2丁杼

綿糸による黄色（経の筋糸に使用）

綿糸1kgを染めるための材料：槐（花蕾）400g　明礬100g
炭酸カルシウム25g

1. 槐の花蕾400gを6ℓの水に入れて熱し、沸騰してから20分間熱煎して煎汁を取る。同じようにして4回まで煎汁を取り染液にする。
2. 染液を熱して糸を浸し、15分間煮染したあと、一晩染液に浸して置く。
3. 明礬40gと炭酸カルシウム10gを溶かしたぬるま湯に、染糸を30分間浸して媒染し、よく水洗いする。
4. 染液を再び熱して媒染した糸を浸し、15分間煮染したあと、染液が冷えるまで浸して置く。
5. よく水洗いしてから日陰で中干しする。
6. 4回まで煎じた槐の花蕾を用い、1と同じようにして、8回まで煎汁を取って染液にする。
7. 5〜8回の染液を熱して中干しした糸を浸し、15分間煮染したあと、一晩染液に浸して置く。
8. 明礬40gと炭酸カルシウム10gを溶かしたぬるま湯に染糸を30分間浸して媒染し、よく水洗いする。
9. 染液を再び熱して媒染した糸を浸し、15分間煮染したあと、染液が冷えるまで置く。
10. 明礬20gと炭酸カルシウム5gを溶かしたぬるま湯に、染糸を1時間浸したあと、何回も水をかえて洗い、日陰に干して乾かす。

綿糸による赤（経の筋糸に使用） …▸ 85ページ参照

綿糸による紺（経の地糸と緯糸に使用） …▸ 117ページ参照

経糸（綿糸60番双糸）
1寸（38ミリ）間50羽
● 赤　4羽半
● 黄　1羽半
以上一縞　以下繰り返し

30. 経縞　紅唐桟《べにとうざん》

唐桟縞のなかで赤を主とした縞を紅唐桟といった。もとは南方よりの渡来品であるので、その赤糸はラック、ケルメス、印度茜などで染められたものであったが、日本で織られた紅唐桟は蘇枋で染められていたと思われる。

紅唐桟は赤地に黄筋のもの、赤地に黒と黄、また緑などの筋糸が入っているものがある。

緯糸（綿糸30番単糸）

1寸（38ミリ）間約80本

● 赤　　　2丁杼

● 綿糸による赤（経の地糸と緯糸に使用）

綿糸1kgを染めるための材料：楊梅（樹皮）500g　コチニール（介殻虫）400g　塩化第一錫90g

1　楊梅の樹皮500gを6ℓの水に入れて熱し、沸騰してから20分間熱煎して煎汁を取る。同じようにして8回まで煎汁を取るが、はじめに5〜8回の煎汁を使用し、1〜4回の煎汁は一晩置いた上澄液を用いる。

2　5〜8回の染液を熱し、糸を浸して15分間煮染したあと、一晩染液に浸して置く。

3　塩化第一錫15gを溶かした水に、染糸を30分間浸して媒染し、よく水洗いする。

4　染液を再び熱して媒染した糸を浸し、15分間煮染したあと染液が冷えるまで置き、水洗いして中干しする。

5　1〜4回の染液の上澄液を熱して中干しした糸を浸し、15分間煮染したあと、一晩染液に浸して置く。

6　塩化第一錫15gを溶かした水に、染糸を30分間浸して媒染し、よく水洗いする。

7　染液を再び熱して媒染した糸を浸し、15分間煮染したあと、染液が冷えるまで置く。

8　水を何回も取りかえてよく水洗いした上で、天日で乾かし、数日以上置く。

9　コチニール200gを6ℓの水に入れて熱し、沸騰してから20分間熱煎して4回まで煎汁を取る。

10　染液を熱して楊梅で染めた6の染糸を浸し、15分間煮染したあと、一晩染液に浸して置く。

11　塩化第一錫15gを溶かした水に、染糸を30分間浸して媒染し、よく水洗いする。

12　染液を再び熱して媒染した糸を浸し、15分間煮染したあと、染液が冷えるまで置き、水洗いして中干しする。

13　4回まで煎汁を取ったコチニールを用いて、9と同じようにして8回まで煎汁を取って染液にする。

14　5〜8回の染液を熱して中干しした染糸を浸し、15分間煮染したあと、一晩染液に浸して置く。

15　塩化第一錫15gを溶かした水に、染糸を30分間浸して媒染し、よく水洗いする。

16　染液を再び熱して媒染した糸を浸し、15分間煮染したあと、染液が冷えるまで置く。

17　何回も水を取りかえて、充分に洗ってから天日で乾かし、数日以上置く。

18　新しくコチニール200gを用いて、9〜17の工程で染め重ねる。
なお、塩化第一錫の媒染は綿糸を特に痛めやすいので、煮染と水洗いは充分にすること。

● 綿糸による黄色（経の筋糸に使用）

…▸ 83ページ参照

31. 経縞　雨縞《あめじま》

筋糸を部分的に絞り、地糸の中に不規則に配列して雨の降るさまを形にしたものを雨縞また雨絣といった。紺地に白の絣が入っているものが多い。明治の縞に多いが、細かい経縞のなかに子持縞のように絣糸を割り込んだものもある。また柳絣ともいっている。また絣を小さくしたものを胡麻縞といった。胡麻縞はほとんどが細かい経縞のなかに割り込まれている。

経糸

1寸（38ミリ）間65羽

● 柴色　2羽

カスリ糸　1羽

以上一縞　以下繰り返し

柴色

ふしいろ

古代の庶民の服色の一つ。『養老衣服令』には柴《しばそめ》とあるが、『日本書紀』によると「ふし」と読ませている。山野の柴木《しばき》、粗朶《そだ》で染め鉄媒染した色である。植物タンニンの利用であって、多くはいくらか紫味の黒茶に染まる。

木斛《もっこく》による柴色(経糸に使用)

絹糸1kgを染めるための材料： 木斛(幹材)500g　塩化第一鉄20g

1. 木斛の幹材500gを細かく刻んで6ℓの水に入れて熱し、沸騰してから20分間熱煎して煎汁を取る。同じようにして4回まで煎汁を取って染液にする。
2. 染液を熱して糸を浸し、10分間煮染したあと、染液が冷えるまでか、都合では一晩染液に浸して置く。
3. 塩化第一鉄20gを入れたぬるま湯に、染糸を20分間浸して媒染し、よく水洗いする。
4. 染液を再び熱して媒染した糸を浸し、20分間煮染したあと、すぐ水洗いしてよく拡げて天日で中干しする。
5. 4回まで煎汁を取った幹材を再び同じようにして煎じ、8回まで煎汁を取って染液にする。
6. 5～8回の染液を熱して、中干しした糸を浸し、20分間煮染したあと、何回も水をかえてよく洗い、天日で乾かす。

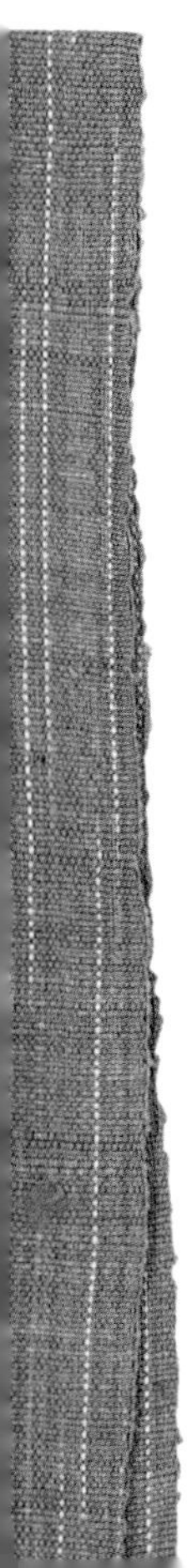

緯糸

1寸(38ミリ)間約80本

藤鼠　2丁杼

丁字蓼《ちょうじたで》による藤鼠《ふじねずみ》(緯糸に使用)

絹糸1kgを染めるための材料： 丁字蓼(緑草)1kg　塩化第一鉄15g

1. 丁字蓼の生の茎葉1kgを6ℓの水に入れて熱し、沸騰してから20分間熱煎して煎汁を取る。同じようにして4回まで煎汁を取って染液にする。
2. 染液を熱して糸を浸し、10分間煮染したあと、染液が冷えるまでか、都合では一晩染液に浸して置く。
3. 塩化第一鉄15gを入れたぬるま湯に染糸を20分間浸して媒染し、よく水洗いする。
4. 染液を再び熱して媒染した糸を浸し、20分間煮染する。
5. 何回も水をかえてよく洗い、天日で乾かす。

渡来してきた経縞

（上列左から）23. 間道70ページ
28. 栈留縞80ページ
（下列左から）30. 紅唐栈84ページ
24. 間道72ページ
26. 間道76ページ

32. 横縞　横段《よこだん》

経糸を無地にして緯糸を縞にしたものを横縞という。

江戸文学のなかには「よこ嶋のもめん蒲団」「金茶の横縞」などとある。

子持縞があるようにいろいろな横縞があった。

階段のように同じ幅の縞を二色で繰り返し織った縞を普通横段というが、二色に限らず多色の糸を用いたものもある。また幅を一定にせず違えながら織った横段もある。

緯糸

1寸(38ミリ)間約80本

薄茶	18本
鼠色	26本
薄茶	14本
鼠色	14本
薄茶	6本
鼠色	36本
薄茶	16本
鼠色	22本
薄茶	12本
鼠色	28本

以上一縞　以下繰り返し

経糸

1寸(38ミリ)間65羽

葡萄鼠

葡萄鼠《ぶどうねず》

江戸時代の色名で葡萄のような赤紫味の鼠色をそう呼んだ。主として楊梅と蘇枋で染めたらしい。

荒地待宵草《あれちまつよいぐさ》による葡萄鼠（経糸に使用）

絹糸1kgを染めるための材料： 荒地待宵草（緑草）2kg　塩化第一鉄20g

1　荒地待宵草の生の茎葉1kgを6 ℓ の水に入れて熱し、沸騰してから20分間熱煎して煎汁を取る。同じようにして4回まで煎汁を取って染液にする。
2　染液を熱して糸を浸し、10分間煮染したあと、染液が冷えるまでか、都合では一晩染液に浸して置く。
3　塩化第一鉄20gを溶かしたぬるま湯に、染糸を20分間浸して媒染し、よく水洗いする。
4　染液を熱して媒染した糸を浸し、15分間煮染したあと、すぐ水洗いしてよく拡げて天日で中干しする。
5　新たに荒地待宵草の生の茎葉1kgを用いて1と同じようにして4回まで煎汁を取り染液にする。
6　染液を熱して中干しした糸を浸し、20分間煮染する。
7　何回も水をかえてよく洗い、天日で乾かす。

薄茶《うすちゃ》

室町時代以後の茶染からきた色名である。江戸時代の薄茶は煎じ茶を用いて染めている。

櫟《くぬぎ》による薄茶（緯糸に使用）

絹糸1kgを染めるための材料： 櫟（樹皮）500g　灰汁10 ℓ

1　櫟の樹皮500gを4 ℓ の水に入れて熱し、沸騰してから20分間熱煎して煎汁を取る。同じようにして6回まで煎汁を取って染液にする。
2　染液を熱して糸を浸し、10分間煮染したあと、染液が冷えるまでか、都合では一晩染液に浸して置く。
3　染糸を堅く絞ってそのままよく拡げて天日で中干しする。
4　再び染液を熱して中干しした糸を浸し、15分間煮染したあと、染液が冷えるまで置く。
5　灰汁10 ℓ に染糸を30分間浸して媒染し、何回も水をかえてよく水洗いしてから天日で乾かす。

神樹《しんじゅ》による鼠色（緯糸に使用） …▶ 113ページ参照

33. 横縞　大筋縞《おおすじじま》

横幅を二色の糸で七分五分三分の繰り返しで織っていくものを七五三という。祝ごとに使用したらしい。

夫婦縞《めおとじま》というのが江戸時代にあるが、木綿縞の一つで、経に黒糸を用い、緯に黒と白を交互に織った横段をいっている。また粗い横縞を大筋縞といった。

緯糸

1寸(38ミリ)間約80本

煤竹	36本
白	26本
煤竹	46本
白	36本
煤竹	26本
白	46本
以上一縞	以下繰り返し

経糸

1寸(38ミリ)間65羽

焦茶

焦茶《こげちゃ》

江戸時代の色名。主として楊梅で染められた黒味の茶であるが、明治以降では石榴《ざくろ》、矢車附子《やしゃぶし》などで染めている。

赤芽槲《あかめがしわ》による焦茶(経糸に使用)

絹糸1kgを染めるための材料： 赤芽槲(緑葉)1kg　塩化第一鉄20g
灰汁10 ℓ

1　赤芽槲の生の葉1kgを6 ℓ の水に入れて熱し、沸騰してから20分間熱煎して煎汁を取る。同じようにして4回まで煎汁を取って染液にする。
2　染液を熱して糸を浸し、10分間煮染したあと、染液が冷えるまでか、都合では一晩染液に浸して置く。
3　塩化第一鉄20gを溶かしたぬるま湯に、染糸を20分間浸して媒染し、よく水洗いする。
4　染液を再び熱して、媒染した糸を浸し、15分間煮染したあと、すぐ1回水洗いする。
5　灰汁10 ℓ に染糸を30分間浸したあと、何回も水をかえてよく洗い、天日で乾かす。

なお赤芽槲は乾燥して保存したものを用いてもよい。

煤竹《すすだけ》

江戸前期の染色に関する文献に多くある色名で、楊梅また梅などで染めている。煤竹の色そのままの黒味の茶色である。

矢車附子《やしゃぶし》による煤竹(緯糸に使用)

絹糸1kgを染めるための材料： 矢車附子(実)500g　塩化第一鉄30g
灰汁10 ℓ

1　矢車附子の実500gを6 ℓ の水に入れて熱し、沸騰してから20分間熱煎して煎汁を取る。同じようにして4回まで煎汁を取って染液にする。
2　染液を熱して糸を浸し、10分間煮染したあと、染液が冷えるまでか、都合では一晩染液に浸して置く。
3　塩化第一鉄15gを溶かしたぬるま湯に染糸を20分間浸して媒染し、よく水洗いする。
4　染液を再び熱して媒染した糸を浸し、20分間煮染したあとすぐ水洗いしてよく拡げて天日で中干しする。
5　4回まで煎汁を取った矢車附子を用いてさらに8回まで煎汁を取って染液にする。
6　5〜8回の染液を用いて、2〜4の工程を繰り返して染め重ねる。
7　灰汁10 ℓ に染糸を30分間浸したあと、何回も水をかえてよく洗い、天日で乾かす。

34. 横縞　矢鱈横縞《やたらよこじま》

矢鱈縞、乱縞また寄せ縞ともいうが、経糸の残糸を不規則に整経した経縞、緯に経糸の織切糸を結び合わせて織ったり、緯糸の残糸を不同に織ったものもそういった。主として経縞、なかには横縞もあり、それを矢鱈横縞といった。また経緯とも残糸などを利用して不規則に織ったものもある。それを矢鱈格子といった場合もある。

『守貞漫稿』に「やたら島　やたらは万つ節度の無い江戸俗言也。此島経糸多少広狭不同更に節度なき故に名とす　縮緬以下木綿にも之有

天保中江戸にて大に行れ女用を専とす　弘化に至り京坂にも行る

色同前又鼠色の縞も行る」とある。また『春色梅美婦禰《しゅんしょくうめみぶね》』には「革色やら紺桔梗やら染込みてゑたいも分らぬやたら縞」とある。

経糸

1寸（38ミリ）間65羽

香色

緯糸

1寸(38ミリ)間約80本

紅	2本
黒茶	4本
灰色	2本
紅	6本
灰色	18本
黒茶	6本
紅	4本
山吹色	4本
紅	6本
薄青	18本
紅	2本
山吹色	8本
黒茶	4本
灰色	28本
樺色	4本
紅	12本
樺色	8本
黒茶	2本
樺色	4本
紅	2本
灰色	18本

以上一縞　以下繰り返し

月桂樹《げっけいじゅ》による香色(経糸に使用)

絹糸1kgを染めるための材料：月桂樹(緑葉)500g　明礬30g

1. 月桂樹の緑葉500gを6ℓの水に入れて熱し、沸騰してから20分間熱煎して4回まで煎汁を取り染液にする。
2. 染液を熱して糸を浸し、10分間煮染したあと、染液が冷えるまでか、都合では一晩染液に浸して置く。
3. 明礬30gを溶かしたぬるま湯に、染糸を20分間浸して媒染し、よく水洗いする。
4. 染液を再び熱して媒染した糸を浸し、20分間煮染する。
5. 何回も水をかえてよく洗い、天日で乾かす。染糸には月桂樹の香が残っている。

臭木《くさぎ》による灰色(緯糸に使用) …▸ 121ページ参照

紅花とコチニールによる紅(緯糸に使用) …▸ 70ページ参照

杏による樺色(緯糸に使用) …▸ 41ページ参照

紅花による山吹色(緯糸に使用) …▸ 59ページ参照

小鮒草《こぶなぐさ》と藍草による薄青(緯糸に使用)

絹糸1kgを染めるための材料：小鮒草(緑葉)500g　藍草(緑葉)1kg
明礬30g　過酸化水素水10cc

染色の手法は65ページ、槐と藍草による若草色の手法と同じ工程で染色する。

櫨《はぜのき》による黒茶(緯糸に使用)

絹糸1kgを染めるための材料：櫨(紅葉)3kg　塩化第一鉄60g

1. 櫨の紅葉1kgを6ℓの水に入れて熱し、沸騰してから20分間熱煎して4回まで煎汁を取り染液にする。
2. 染液を熱して糸を浸し、10分間煮染したあと、染液が冷えるまでか、都合では一晩染液に浸して置く。
3. 塩化第一鉄20gを溶かしたぬるま湯に染糸を20分間浸して媒染し、よく水洗いする。
4. 染液を再び熱して媒染した糸を浸し、15分間煮染したあと、染液が冷えるまで置く。
5. よく水洗いしてからよく拡げて天日で中干しする。
6. 櫨の紅葉1kgを用いて1～5の工程を繰り返して染め重ねる。
7. さらに紅葉1kgを用いて繰り返し染め重ねる。
8. 最後の水洗いは何回も水をかえて特に充分にして、天日で乾かす。

35. 横縞　横滝縞《よこたきじま》

滝縞を横縞にしたものを横滝縞という。細い横筋からだんだん太くし、またただんだん細くした縞。これを両滝といい、経縞の片滝縞と同じように片滝のものもある。このような薄い藍染の縞を夏縞といっていた。また地白の木綿縞は白縞といった。

経糸
1寸（38ミリ）間65羽
浅黄

縹《はなだ》

深縹《ふかきはなだ》、浅縹《あさきはなだ》などは、古代の服色の青色を表す色名。平安時代では花田《はなだ》の字も当てている。それが江戸時代になると花色《はないろ》となる。花色木綿のいわれである。

藍草による縹（緯糸に使用）

絹糸1kgを染めるための材料： 藍草（葉）300g

1　灰汁建した藍甕《あいがめ》に、竹棒を通した糸を静かに浸し、上下を数回繰り返して5分間液に浸して置き、糸を液から上げて2本の竹棒で堅く絞り、糸をさばいて風を入れ、酸化させる。
2　糸を再び藍甕に浸し、同じの操作を繰り返す。
3　染糸を棒に通し、日陰に薄く拡げて風にあてて酸化させる。
4　中干しした糸を再び藍甕に浸し、1〜2の工程を繰り返して染め重ねる。
5　染め上がった糸を竿に通して、日陰に薄く拡げて風にあてる。30分〜1時間置いてから よく水洗いする。
6　水洗いした糸を流水か多量の水に浸して一晩置き、さらによく水洗いしてから天日で乾かす。

浅黄《あさぎ》

浅黄は浅葱とも書く。平安時代からの色名。濃浅黄、中浅黄、薄浅黄、水浅黄として濃淡の色がいろいろあるが、もともとは極薄い色をいったらしい。藍染《あいぞめ》の薄色は堅牢度が低いので、現在では藍草の生葉で染めた方がよいように思える。ただ藍甕で染めた色とは色相が違う。そこで藍甕の方を空色系、生葉の方を水色系ということにした。

藍草による浅黄（経糸と緯糸に使用）

絹糸1kgを染めるための材料： 藍草（緑葉）1kg　過酸化水素水10cc

1　まず染める糸を四等分して置く。
2　藍草の生葉50gをミキサーに入れ、水を八分目まで加えて擂りつぶし、麻袋などにあける。これを5回繰り返して液を絞って染液にする。
3　四等分した糸（250g）を染液に浸し、20〜30分間浸して置く。途中で一回糸を絞って風を入れる。
4　過酸化水素水2.5cc（糸の量の1％）を入れた水に染糸を20分間浸して酸化させる。
5　何回も水をかえてよく洗い、天日で乾かす。
6　以上を繰り返して全部の糸を染める。
必ず晴天の日に染色しないと色が冴えない。

緯糸

1寸（38ミリ）間約90本

浅黄	18本
縹	1本
浅黄	14本
縹	2本
浅黄	12本
縹	4本
浅黄	10本
縹	6本
浅黄	10本
縹	8本
浅黄	10本
縹	24本
浅黄	10本
縹	8本
浅黄	10本
縹	6本
浅黄	10本
縹	4本
浅黄	12本
縹	2本
浅黄	14本
縹	1本

以上一縞　以下繰り返し

異なる趣の横縞

（上段左から）32．横段90ページ
33．大筋縞92ページ
（下段左から）34．矢鱈横縞94ページ
35．横滝縞96ページ

36. 格子縞　碁盤縞《ごばんじま》

経縞と横縞を組み合わせたものが格子縞である。また横竪縞ともいった。碁盤のような縦横同じ太さの線を組み合わせた正方形の縞。また碁盤格子という。『守貞漫稿』には「木綿単衣には弁慶大名碁ばん等密ならざるを専とし」「今の碁盤島は右の格子筋也」とある。

江戸末期頃から庶民の間で流行した縞で白地に紺、紺地に白のものが多かった。また大柄の場合は蒲団地に用いていた。江戸文学のなかには「碁盤嶋の財布」「ごばんがうしの染帯」「黄柄茶《きからちゃ》の糸をもって細く小さく碁盤格子を織り出したる上着」などとある。夏目漱石の『明暗』に「長方形の鏡の前に横竪縞の厚い座布団を据えて」とある。

格子が縦長のものは高麗格子また高麗屋格子ともいわれている。四代目菊五郎の創案で幡随院《ばんずいいん》長兵衛の合羽に用いたことからこの名前がついたといわれるが、古くからあった格子であろう。

碁盤縞の筋の太い格子の場合は童子格子という。子供の着物に多かったためであろう。

経糸

1寸(38ミリ)間65羽

兼法黒　1羽

唐茶　33羽

以上一縞　以下繰り返し

● アメリカ梅檀草《せんだんぐさ》による唐茶（経糸に使用）

絹糸1kgを染めるための材料： アメリカ梅檀草（緑草）1kg　硫酸銅20g

1　アメリカ梅檀草の生の茎葉1kgを6ℓの水に入れて熱し、沸騰してから20分間熱煎して煎汁を取る。同じようにして4回まで煎汁を取り染液にする。
2　染液を熱して糸を浸し、10分間煮染したあと染液が冷えるまでか、都合では一晩染液に浸して置く。
3　硫酸銅20gを溶かしたぬるま湯に染糸を20分間浸して媒染し、よく水洗いする。
4　染液を再び熱して媒染した糸を浸し、20分間煮染したあと、染液が冷えるまで置く。
5　何回も水をかえてよく洗い、天日で乾かす。

黄茶《きちゃ》

平安時代の装束の色名の黄朽葉《きくちば》は現代の黄茶と思える。江戸時代では楊梅や刈安で染めているが、黄茶を染める草木は多い。

箱根空木《はこねうつぎ》による黄茶（緯糸に使用）

絹糸1kgを染めるための材料： 箱根空木（緑葉）1kg　硫酸銅30g

1　箱根空木の緑葉500gを6ℓの水に入れて熱し、沸騰してから20分間熱煎して煎汁を取る。同じようにして4回まで煎汁を取り染液にする。
2　染液を熱して糸を浸し、10分間煮染したあと、染液が冷えるまでか、都合では一晩染液に浸して置く。
3　硫酸銅15gを溶かしたぬるま湯に染糸を20分間浸して媒染し、よく水洗いする。
4　染液を再び熱して媒染した糸を浸し、15分間煮染したあと、染液が冷えるまで染液に浸して置く。
5　よく水洗いしてから、よく拡げて天日で中干しする。
6　新しく箱根空木の緑葉500gを用いて1～5の工程を繰り返して染色する。
7　何回も水をかえてよく洗い、天日で乾かす。

緯糸

1寸（38ミリ）間約80本

● 兼法黒	1本
● 黄茶	40本
以上一縞	以下繰り返し

● 藍草と楊梅による兼法黒（経緯の筋糸に使用）

…▸ 23ページ参照

経糸（綿糸60番双糸）
1寸（38ミリ）間50羽
藤鼠　20羽
黒　2羽
藤鼠　5羽
黒　2羽
以上一縞　以下繰り返し

37. 格子縞　障子格子《しょうじごうし》

明り障子の形からきた格子。経の筋が三筋になっているものを書院格子というが、これも書院格子の形からきている。

これに対して横の縞の間隔が狭い格子に吉野格子がある。

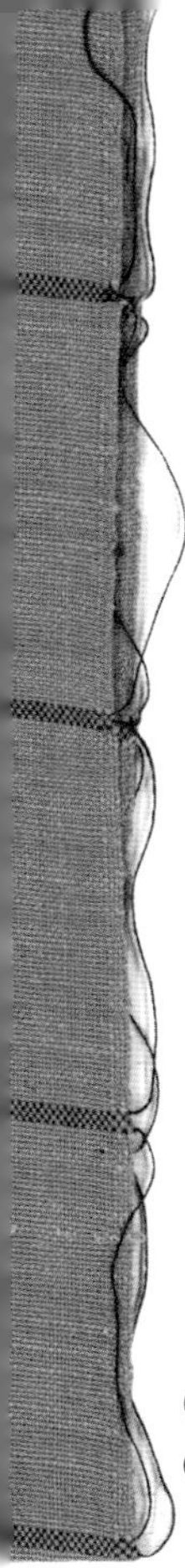

● 綿糸による藤鼠（経の地糸に使用）

綿糸1kgを染めるための材料： 五倍子（虫癭《むしこぶ》）400g　塩化第一鉄40g

1　五倍子（虫癭）400gを6ℓの水に入れて熱し、沸騰してから20分間熱煎して煎汁を取る。同じようにして8回まで煎汁を取るが、はじめに5～8回の煎汁を用い、1～4回の煎汁は2回目のときの煎汁にする。
2　5～8回の染液を熱して糸を浸し、15分間煮染してから、一晩染液に浸して置く。
3　塩化第一鉄20gを溶いたぬるま湯に、染糸を30分間浸して媒染し、よく水洗いする。
4　染液を再び熱して媒染した糸を浸し、15分間煮染したあと、染液が冷えるまで置く。
5　よく水洗いしてから、よく拡げて天日で中干しする。
6　1～4の煎汁を熱し、沸騰して浮遊物や沈殿物が完全に溶けてから、中干しした糸を浸して15分間煮染し、一晩染液に浸して置く。
7　塩化第一鉄20gを溶いたぬるま湯に染糸を30分間浸して媒染し、よく水洗いする。
8　染液を再び熱して媒染した糸を浸し、20分間煮染する。
9　何回も水をかえて充分に洗った上、天日で乾かす。

● 綿糸による黒（経緯の筋糸に使用） …▸ 39ページ参照

● 綿糸による薄鼠（緯糸に使用）

綿糸1kgを染めるための材料： 白樫（緑葉）1kg　炭酸カリウム5g
塩化第一鉄20g

1　白樫の緑葉1kgを6ℓの水に入れて熱し、炭酸カリウム5g（1回目だけに入れる）を入れて、沸騰してから20分間熱煎して煎汁を取る。同じようにして4回まで煎汁を取って染液にする。
2　染液を熱して糸を浸し、15分間煮染したあと、一晩染液に浸して置く。
3　塩化第一鉄20gを溶かしたぬるま湯に染糸を30分間浸して媒染し、よく水洗いする。
4　染液を再び熱して媒染した糸を浸し、15分間煮染する。
5　何回も水を取りかえて充分に洗ったあと、天日で乾かす。

緯糸（綿糸30番単糸）

1寸（38ミリ）間約80本

● 薄鼠　76本
● 黒　4本

以上一縞　以下繰り返し

38. 格子縞　味噌漉縞《みそこしじま》

味噌漉笊《ざる》の編目に似て、細かな格子縞にところどころ太い筋を入れたものを、味噌漉縞また味噌漉柑子《こうじ》という。嘉永年間に織りはじめられたものといわれ浅黄地に紺を筋糸にしたという。

『守貞漫稿』に「みそこし島味噌を汁に煮る時漉てかすを除くの具　削竹を編たるに似たるを以って名とす　此縞従来之無今嘉永五年始て之製歟　浅黄地に紺染を専としたる縮緬に多く流行を好む　婦女の服とす袷綿入共に之用」とある。

なお太い筋の入らない細かい格子だけの縞は小格子という。

経糸	1寸（38ミリ）間65羽
○ 白	2羽
● 土器茶	6羽
白	1羽
土器茶	6羽
白	1羽
土器茶	6羽
白	1羽
土器茶	6羽
白	1羽
土器茶	6羽
白	1羽
土器茶	6羽
白	1羽
土器茶	6羽
白	1羽
土器茶	6羽
白	1羽
土器茶	6羽
白	1羽
土器茶	6羽

土器茶《かわらけちゃ》

土器の色そのままであるが、江戸時代の色名と思える。江戸時代の染色法を見ると、主として楊梅が用いられ、なかには紅柄《べにがら》、丹石《にいし》も使用されている。ともかく素焼の植木鉢のような色である。

小梅檀草による土器茶（経糸、緯糸に使用）

絹糸1kgを染めるための材料：小梅檀草（緑草）1kg　硫酸銅30g

1　小梅檀草の生の茎葉500gを6ℓの水に入れて熱し、沸騰してから20分間熱煎して煎汁を取り、同じようにして4回まで煎汁を取って染液にする。
2　染液を熱して糸を浸し、10分間煮染したあと、染液が冷えるまでか、都合では一晩染液に浸して置く。
3　硫酸銅15gを溶かしたぬるま湯に染糸を20分間浸して媒染し、よく水洗いする。
4　染液を再び熱して媒染した糸を浸し、20分間煮染したあと、染液が冷えるまで浸して置く。
5　よく水洗いしてからよく拡げて天日で中干しする。
6　新しく小梅檀草の生の茎葉500gを用いて、1〜4の工程を繰り返して染色する。
7　何回も水をかえてよく洗い、天日で乾かす。

緯糸

1寸（38ミリ）間約90本

白	2本
土器茶	9本
白	1本
土器茶	9本
白	1本
土器茶	9本
白	1本
土器茶	9本
白	1本
土器茶	9本
白	1本
土器茶	9本
白	1本
土器茶	9本
白	1本
土器茶	9本
白	1本
土器茶	9本
白	1本
土器茶	9本

以上一縞　以下繰り返し

39. 格子縞　二筋格子《ふたすじごうし》

経横とも二筋ずつにした格子。八丈島で多く織られている。

室町時代武家の女房たちのなかで中老は一般に小格子を用いたが、特別の許しを得た者は紅色の格子の小袖を着たという。それを紅格子といった。

『御供古実』に「をり物　紅がうしにて候はで、筋すがれををりたる織物をば、中﨟衆もめし候」とある。また『守貞漫稿』には「古の練貫に数々あり、紅格子は地紅にてたてよこじまなり、高貴婦女の服とす」とある。

『春日権現験記』のなかに格子縞の袿《うちき》を着けた女房の姿が描かれている。

格子縞の大きな物を大格子、小さなものを小格子といった。また四筋ずつの格子縞を四筋格子といっている。

経糸

1寸（38ミリ）間65羽

焦茶	17羽
黄色	6羽
焦茶	3羽
黄色	6羽

以上一縞　以下繰り返し

緯糸

1寸（38ミリ）間約80本

焦茶	26本
黄色	8本
焦茶	6本
黄色	8本

以上一縞　以下繰り返し

● 石榴《ざくろ》による焦茶（経緯の地糸に使用）

絹糸1kgを染めるための材料： 石榴（果皮）600g　塩化第一鉄25g
灰汁10ℓ

1　石榴の果皮600gを6ℓの水に入れて熱し沸騰してから20分間熱煎して煎汁を取る。同じようにして8回まで煎じた煎汁を一緒にして二等分する。これは石榴の色素などが抽出されるのが不同のためである。

2　二等分した染液を熱して糸を浸し、10分間煮染したあと、染液が冷えるまでか、都合では一晩染液に浸して置く。

3　塩化第一鉄15gを溶かしたぬるま湯に染糸を20分間浸して媒染し、よく水洗いする。

4　染液を再び熱して媒染した糸を浸し、20分間煮染したあとすぐ水洗いしてよく拡げて天日で中干しする。

5　残して置いた半量の染液を熱して中干しした糸を浸し、10分間煮染したあと、染液が冷えるまで置く。

6　塩化第一鉄10gを溶かしたぬるま湯に染糸を20分間浸して媒染し、よく水洗いする。

7　染液を再び熱して媒染した糸を浸し、20分間煮染したあと1回水洗いする。

8　灰汁10ℓの中に染糸を30分間浸して媒染する。

9　何回も水をかえてよく洗い、天日で乾かす。

● 槐による黄色（経の筋糸に使用） …▶ 109ページ参照

● 福木《ふくぎ》による黄色（緯の筋糸に使用） …▶ 33ページ参照

40. 格子縞　子持格子《こもちごうし》

経縞の子持縞を経緯に用いた格子縞を子持格子という。

正倉院に伝わるなかに雑色織裂《ぞうしきおりぎれ》という網代縞の組織で両子持格子のように、紫、白、緑の色糸で織ったものがあり、奈良時代にはすでにそのような格子が織られていたことが知られる。

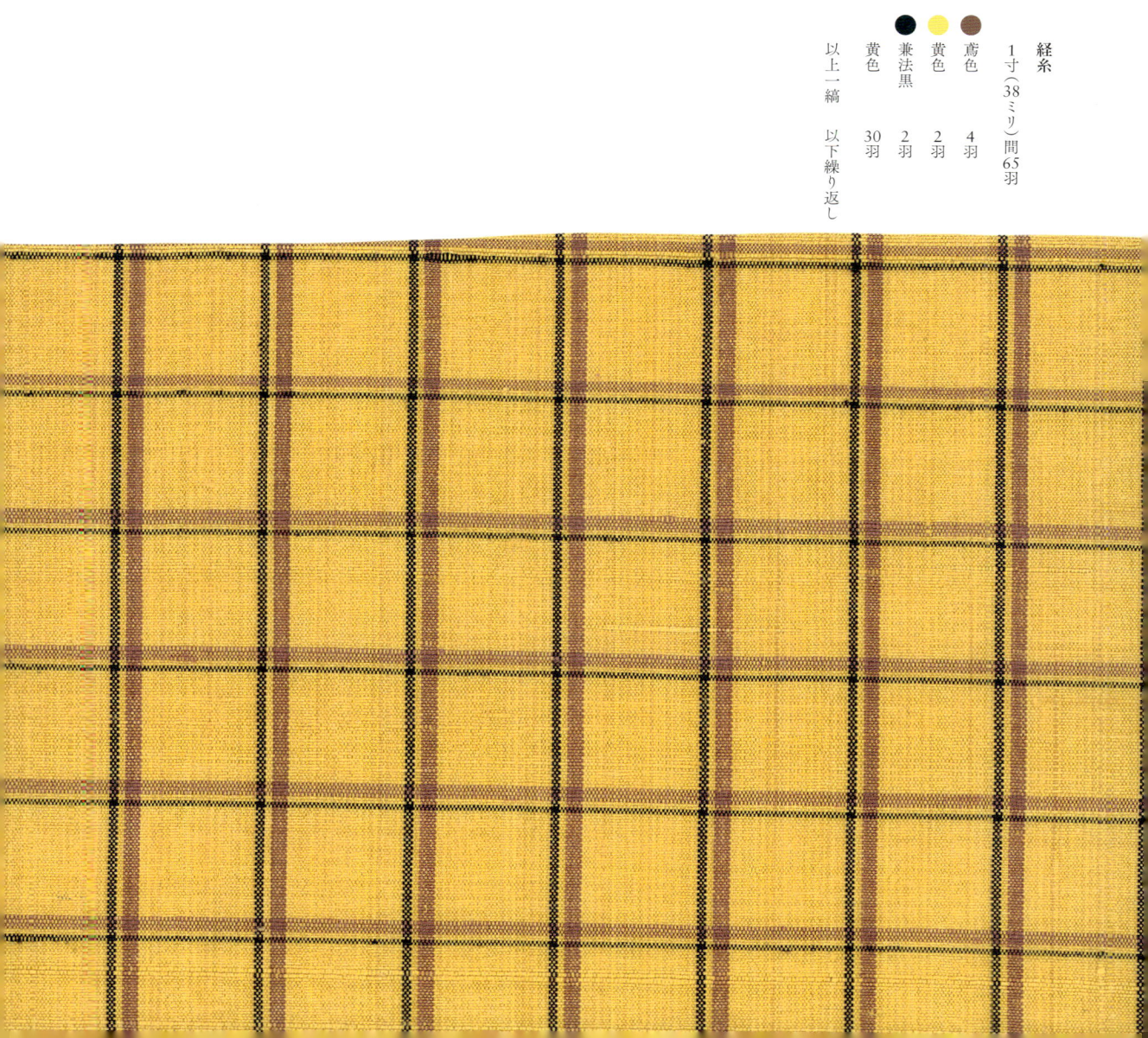

経糸
1寸（38ミリ）間65羽
鳶色　4羽
黄色　2羽
兼法黒　2羽
黄色　30羽
以上一縞　以下繰り返し

鳶色《とびいろ》

鳶の羽色からきた名で、江戸時代に入ってからいわれたものであろう。八丈島の鳶色はまだみ（たぶのき）の樹皮を用いて、鉄と灰汁《あく》で媒染している。また秋田八丈でははまなし（はまなす）の根を用いている。鳶色に染めるには、椋、冬青《そよご》、一位、またガンビア、アカシアカテキュー（阿仙薬）などを用いて染色する。

冬青による鳶色（経、緯の筋糸に使用）

絹糸1kgを染めるための材料： 冬青（緑葉）600g　炭酸カリウム4g　硫酸銅30g

1　冬青の緑葉600gを6ℓの水に入れて熱し、炭酸カリウム2gを加えアルカリ性の水にして煎じる。沸騰してから20分間熱煎して煎汁を取り、同じようにして4回まで煎汁を取る。ただし炭酸カリウムを加えるのは2回まででよい。

2　4回までの染液を熱して糸を浸し、10分間煮染したあと、染液が冷えるまでか、都合では一晩染液に浸して置く。

3　硫酸銅15gを溶かしたぬるま湯に染糸を20分間浸して媒染し、よく水洗いする。

4　再び染液を熱し、沸騰してから媒染した糸を浸し、20分間煮染したあと、すぐ水洗いして中干しする。

5　4回まで煎汁を取った葉を同じようにして煎じ、8回まで煎汁を取り染液にする。

6　8回までの染液を熱して2～4の工程で染め重ね、何回もよく水洗いしてから天日で乾かす。
冬青は常緑であるので年中緑葉は得られるが、季節によって色相が違ってくる。一番赤味の多い色を染めるには、8月中旬から10月初旬までの緑葉がよい。

緯糸

1寸（38ミリ）間約80本

鳶色	4本
黄色	2本
兼法黒	2本
黄色	42本

以上一縞　以下繰り返し

● 藍草と楊梅による兼法黒（経、緯の筋糸に使用） …▸ 33ページ参照

● 槐による黄色（経緯の地糸に使用）

絹糸1kgを染めるための材料： 槐（花蕾）400g　明礬60g

1　槐の花蕾400gを6ℓの水に入れて熱し、沸騰してから20分間熱煎して煎汁を取る。同じようにして4回まで煎汁を取って染液にする。

2　染液を熱して糸を浸し、10分間煮染したあと、染液が冷えるまでか、都合では一晩染液に浸して置く。

3　明礬30gを溶かしたぬるま湯に染糸を20分間浸して媒染し、よく水洗いする。

4　染液を再び熱して媒染した糸を浸し、15分間煮染したあと、染液が冷えるまで浸して置く。

5　水洗いしてからよく拡げて天日で中干しする。

6　4回まで煎じた槐の花蕾を再び煎じて8回まで煎汁を取り染液にする。

7　5～8回の染液を用いて、2から4までの工程で染め重ねる。

8　水を何回も取りかえてよく洗い、天日で乾かす。

経糸（綿糸60番双糸）

1寸（38ミリ）間50羽

檜皮色	14羽
浅黄	2羽
檜皮色	5羽
浅黄	2羽
檜皮色	5羽
浅黄	2羽
檜皮色	14羽
紺	1羽
檜皮色	5羽
紺	1羽
檜皮色	5羽
紺	1羽

以上一縞　以下繰り返し

41. 格子縞　三筋格子《みすじごうし》

経横の格子を三本ずつの格子にしたものを三筋格子というが、太い三筋格子と細い三筋格子を重ねたものを重三筋格子またそれも単に三筋格子という。

十世市川團十郎が定紋三枡を崩して格子縞にしたという。それで三枡格子ともいった。

文化文政頃流行した縞。江戸文学のなかには「三すじ格子は家紋の三枡の格子をとり崩してかくせしなり」とある。

緯糸（綿糸30番単糸）

1寸（38ミリ）間約80本

薄茶	30本
浅黄	4本
薄茶	8本
浅黄	4本
薄茶	8本
浅黄	4本
薄茶	30本
紺	2本
薄茶	8本
紺	2本
薄茶	8本
紺	2本

以上一縞　以下繰り返し

綿糸による檜皮色（経の地糸に使用）

綿糸1kgを染めるための材料： アカシアカテキュー（阿仙薬エキス）400g　硫酸銅40g

1　アカシアカテキュー（エキス）200gを6ℓの水に入れて熱し、沸騰してから20分間熱煎してエキスが溶けたら、熱湯15ℓを加えて絹篩で漉して染液にする。
2　染液を熱して糸を浸し、15分間煮染したあと、一晩染液に浸して置く。
3　硫酸銅20gを溶かしたぬるま湯に、染糸を30分間浸して媒染し、よく水洗いする。
4　染液を再び熱して媒染した糸を浸し、15分間煮染したあと、染液が冷えるまで置く。
5　よく水洗いしてから天日で乾かす。
6　新しくアカシアカテキューのエキス200gを用いて1と同じようにして染液を取り、2～4の工程で染め重ねる。
7　何回も水を取りかえてよく洗い、天日で乾かす。

綿糸による紺（経、緯の筋糸に使用） …▸ 117ページ参照

綿糸による浅黄（経、緯の筋糸に使用） …▸ 123ページ参照

綿糸による薄茶（緯の地糸に使用）

綿糸1kgを染めるための材料： 櫟（樹皮）1kg　消石灰50g

1　櫟の樹皮500gを4ℓの水に入れて熱し、沸騰してから20分間熱煎して煎汁を取る。同じようにして6回まで煎汁を取って染液にする。
2　染液を熱して糸を浸し、15分間煮染したあと、一晩染液に浸して置く。
3　染糸を堅く絞ってそのままよく拡げて天日で中干しする。
4　染液を再び熱して中干しした糸を浸し、15分間煮染したあと、染液が冷えるまで浸して置き、染糸を堅く絞ってそのまま天日で乾かす。
5　新しく櫟の樹皮500gを用いて1から4までの工程で染め重ねる。
6　消石灰50gを水に入れて攪拌し、静置した上澄液をぬるま湯に入れ、染糸を1時間浸したあと、何回も水をかえてよく洗い、天日で乾かす。

42. 格子縞　翁格子《おきなごうし》

太い格子のなかにさらに多くて細い格子を入れた縞を翁格子という。能の「高砂」の翁が着た縞で熨斗目《のしめ》や厚板のなかに多くみられる。

泉鏡花の『婦系図』に「白茶地の翁格子の博多の丸帯」とある。

また縞柄や格子柄の地の部分に細い筋を格子状に割り込ませたものを割込格子といった。

経糸

1寸（38ミリ）間65羽

鼠色	13羽
灰桜	7羽
紺	1羽
灰桜	7羽
紺	1羽
灰桜	7羽
鼠色	7羽
灰桜	7羽
紺	1羽
灰桜	7羽
紺	1羽
灰桜	7羽

以上一縞　以下繰り返し

神樹による鼠色(経緯の筋糸に使用)

絹糸1kgを染めるための材料： 神樹(緑葉) 1kg　塩化第一鉄20g

1　神樹の緑葉1kgを6ℓの水に入れて熱し、沸騰してから20分間熱煎して4回煎汁を取って染液にする。
2　染液を熱して糸を浸し、10分間煮染したあと、染液が冷えるまでか都合では一晩染液に浸して置く。
3　塩化第一鉄20gを溶かした水に、染糸を20分間浸して媒染し、よく水洗いする。
4　染液を再び熱して媒染した糸を浸し、20分間煮染したあと、よく水洗いして、天日で乾かす。

紺《こん》

藍染の最も濃い色。飛鳥時代の服色に紺《ふかきはなだ》とあるが、以後は深縹であって、紺《こん》の字が普通に用いられたのはおそらく江戸時代に入ってからと思われる。室町時代には褐色《かちいろ》といわれ、鎧などに使用されたことから勝色《かちいろ》、勝色《かついろ》と転化している。

藍草による紺(経、緯の筋糸に使用)

絹糸1kgを染めるための材料： 藍草(葉) 900g

1　灰汁建した藍甕に、竹棒を通した糸を静かに浸し、上下を数回繰り返して、5分間液に浸して置き、糸を液から上げて、2本の竹棒で堅く絞り、糸をさばいて風を入れる。
2　糸を再び藍甕に浸し、同じようにして操作を繰り返し、日陰に薄く拡げて風にあてて中干しする。
3　中干しした糸を再び藍甕に浸し、1～3の工程を繰り返して染め重ねる。
4　再び1～3の工程を2回繰り返して染め重ねる。
5　何回も水をかえて洗ったあと、流水か多量の水に浸して一晩置き、さらによく水洗いし、天日で乾かす。

灰桜《はいざくら》

江戸時代の色名に灰桜また桜鼠というのがあるが、何で染めたのかはわからない。灰桜は灰色がかった桜色、桜鼠は桜色のような薄赤味のある薄鼠と思われる。梅で染めたので梅鼠といったように、もしかしたら桜で染めたので桜鼠といったのかもしれない。

胡桃《くるみ》による灰桜(経、緯の地糸に使用)

絹糸1kgを染めるための材料： 胡桃(緑葉) 500g　灰汁10ℓ

1　胡桃の緑葉500gを6ℓの水に入れて熱し、20分間熱煎して4回まで煎汁を取って染液にする。
2　染液を熱して糸を浸し、15分間煮染したあと染液が冷えるまでか、都合では一晩染液に浸して置く。
3　染糸を堅く絞り、よく拡げて天日で中干しする。
4　染液を再び熱して中干しした糸を浸し、15分間煮染したあと、染液が冷えるまで置く。
5　灰汁10ℓに染糸を30分間浸して媒染する。何回も水をかえてよく洗い、天日で乾かす。

緯糸

1寸(38ミリ)間約90本

鼠色	18本
灰桜	10本
紺	1本
灰桜	10本
紺	1本
灰桜	10本
鼠色	10本
灰桜	10本
紺	1本
灰桜	10本
紺	1本
灰桜	10本

以上一縞　以下繰り返し

用途が広がる格子縞

（上段左から）39．二筋格子 106 ページ
38．味噌漉縞 104 ページ
36．碁盤縞 100 ページ
（下段左から）41．三筋格子 110 ページ
40．子持格子 108 ページ

43. 格子縞　微塵縞《みじんじま》

経緯一羽（2本）ずつの格子で一番細かい格子。微塵縞、また微塵格子というが、単にみじんともいった。

『守貞漫稿』には「微塵島　みじんは経緯ともに万筋の如く各二糸なるを云　茶みじん藍みじん等あり　又濃淡の藍或は紺と白を片羽文と云て経緯とも各一糸隔におるを刷毛目と云　自ら表裏竪横となる」とある。また「郡内の紺のみぢんじまの羽織と小袖を対に拵て著たり」ともある。

江戸文学のなかに「みぢん桟留の袷に和とうさん帯」とある。

名物裂のなかの利休間道また木綿間道といわれているのは白と紺の微塵縞である。

片羽文また刷毛目というのは、二色の経糸を総切りかえにして、緯糸は一本ずつ違った色糸を交互に織ったもので、これも微塵縞といった。

経糸（綿糸40番双糸）

1寸（38ミリ）間42羽

● 紺　1羽

○ 白　1羽

以上一縞　以下繰り返し

緯糸（綿糸20番単糸）

1寸（38ミリ）間約70本

● 紺　2本

○ 白　2本

以上一縞　以下繰り返し

● 綿糸による紺（経、緯の筋糸に使用）

綿糸1kgを染めるための材料： 藍草（蒅）1kg

1　糸を湯に浸したあと絞り、糸を両手でさばき風を入れる。

2　灰汁建した藍甕に、竹棒を通した糸を静かに浸し、綛の上下を数回繰り返して5分間藍液に浸して置き、糸を液から上げて、2本の竹棒で堅く絞り、糸をさばいて風を入れて酸化させる。

3　糸を再び藍甕に浸し、同じ操作を繰り返す。

4　染糸を竿に通して日陰に薄く拡げて風にあてて中干しする。

5　中干しした糸を再び藍甕に浸し、2～3の工程を繰り返して染め重ねる。

6　染糸を竿に通して日陰で薄く拡げて風にあてる。30分～1時間置いてから軽く水洗いして天日で乾かす。

7　数日以上置いてから、再び2～6の工程を繰り返して染め重ねる。

8　なるべく期間を置き、流水か多量の水に一晩浸けてから、何回も水をかえて充分に洗い、天日で乾かす。

44. 格子縞　弁慶縞《べんけいじま》

白と紺、紺と茶、紺と浅黄などの二重の色糸を経緯に石畳のように織ったものを、弁慶縞、弁慶格子、また単に弁慶という。歌舞伎の弁慶の着る衣装であった。

『守貞漫稿』に「木綿紺茶を茶弁慶　紺浅木を藍弁慶と云　小なるは二三分の筋　大なるは一巾を半白半紺緯之准あり　異名して豆腐縞と云浴衣にある」とある。

浮世絵には種々の色の弁慶が描かれているが、近松秋江の『別れた妻に送る手紙』のなかには、「茶と小豆の弁慶格子の」とある。

弁慶縞のことは市松ともいうが、江戸中期佐野川市松が、『高野心中』を演じた際小姓粂之助役に着用した袴に用い、評判となったことから、当時弁慶縞を市松または市松格子といって流行した。

歌舞伎の『夏祭銀花鑑』で団七九郎兵衛が着た赤茶色の弁慶縞があるが、これを団七縞ともいった。

経糸
1寸（38ミリ）間65羽
赤茶　65羽
銀鼠　65羽
以上一縞　以下繰り返し

赤茶《あかちゃ》

平安時代の色名に赤朽葉《あかくちば》がある。朽葉の赤味のある色。平安時代の朽葉が、古代の橡であり、室町以降の茶色と解する時、赤朽葉は現代の赤茶色になる。赤茶を染めるには椋、欅、桜、冬青などの緑葉で染めるのがよい。

冬青による赤茶(経糸、緯糸に使用)

絹糸1kgを染めるための材料：冬青(緑葉)500g　炭酸カリウム4g
灰汁10ℓ

1　冬青の緑葉500gを3ℓの水に入れて熱し、炭酸カリウム2gを加え、アルカリ性の水にして煎じる。沸騰してから20分間熱煎して煎汁を取る。同じようにして8回まで煎汁を取って染液にする。ただし、炭酸カリウムを加えるのは2回まででよい。
2　染液を熱して糸を浸して、15分間煮染したあと、一晩染液に浸して置く。
3　染糸をそのまま堅く絞って、よく拡げて天日で中干しする。
4　染液を再び熱して中干しした糸を浸す。15分間煮染したあと、染液が冷えるまで浸して置く。
5　灰汁10ℓに染糸を30分間浸したあと、何回も水をかえてよく洗い、天日で乾かす。

臭木による銀鼠(経糸、緯糸に使用)

絹糸1kgを染めるための材料：臭木(萼《がく》)600g　塩化第一鉄20g

1　臭木の実を取った残りの赤い萼600gを6ℓの水に入れて熱し、沸騰してから20分間熱煎して煎汁を取る。同じようにして4回まで煎汁を取って染液にする。
2　染液を熱して糸を浸し、10分間煮染したあと、染液が冷えるまでか、都合では一晩染液に浸して置く。
3　塩化第一鉄20gを溶かした水に、染糸を20分間浸して媒染し、よく水洗いする。
4　染液を再び熱して媒染した糸を浸し、20分間煮染する。
5　水を何回もかえてよく洗い、天日で乾かす。

緯糸

1寸(38ミリ)間約90本

赤茶	90本
銀鼠	90本

以上一縞　以下繰り返し

経糸

1寸(38ミリ)間65羽

黒茶　32羽

灰色　32羽

以上一縞　以下繰り返し

45. 格子縞　小弁慶《こべんけい》

弁慶縞の小さいもの。その寸法はいろいろであったと思える。二分から五分ぐらいの寸法のものを小弁慶と呼んだものであろう。江戸文学のなかに「越後の小べんけいのかたびらに麻じゅばんをき」「気の強い女房蹴出しに小弁慶」などとある。

歌麿の有名な『ポッピンを吹く女』の着ている着物は紅と白の小弁慶である。

水木による黒茶（経糸、緯糸に使用）

絹糸1kgを染めるための材料： 水木（緑葉）2kg　塩化第一鉄40g

1　水木の緑葉1kgを6ℓの水に入れて熱し、沸騰してから20分間熱煎して煎汁を取る。同じようにして4回まで煎汁を取って染液にする。
2　染液を熱して糸を浸し、10分間煮染したあと染液が冷えるまでか、都合では一晩染液に浸して置く。
3　塩化第一鉄20gを溶かしたぬるま湯に、染糸を20分間浸して媒染し、よく水洗いする。
4　染液を熱して媒染した糸を浸し、15分間煮染する。
5　よく水洗いしたあとよく拡げて天日で中干しする。
6　水木の緑葉1kgを用いて1～4の工程を繰り返して染め重ねる。
7　何回も水をかえてよく洗い、天日で乾かす。

灰色《はいいろ》

竈《かまど》の灰の色。木によって灰の色は違うが、薄い白味の鼠色である。樫の葉、薔薇の茎葉などで染める。

臭木による灰色（経糸、緯糸に使用）

絹糸1kgを染めるための材料： 臭木（萼《がく》）400g　塩化第一鉄15g

1　臭木の実を取った残りの赤い萼400gを6ℓの水に入れて熱し、沸騰してから20分間熱煎して煎汁を取る。同じようにして4回まで煎汁を取って染液にする。
2　染液を熱して糸を浸し、10分間煮染したあと、染液が冷えるまでか、都合では一晩染液に浸して置く。
3　塩化第一鉄15gを溶かしたぬるま湯に、染糸を20分間浸して媒染し、よく水洗いする。
4　染液を再び熱して媒染した糸を浸し、20分間煮染する。
5　水を何回もかえてよく洗い、天日で乾かす。

緯糸

1寸（38ミリ）間約80本

黒茶	40本
灰色	40本

以上一縞　以下繰り返し

46. 格子縞　筋入弁慶《すじいりべんけい》

河内木綿と通称される布団地などに、藍の弁慶の間に白糸を入れているものが多い。一つの思いつきだっただろうが、それが河内木綿のなかに流行した。この白糸を入れるだけで弁慶格子とはまったく違った感覚になることは興味深い。

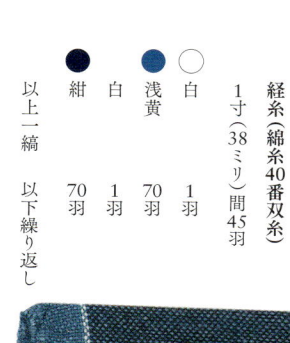

経糸（綿糸40番双糸）

1寸（38ミリ）間45羽

白	1羽
浅黄	70羽
白	1羽
紺	70羽

以上一縞　以下繰り返し

緯糸（綿糸20番単糸）

1寸（38ミリ）間約80本

白	2本
紺	120本
白	2本
浅黄	120本

以上一縞　以下繰り返し

綿糸による紺（経糸、緯糸に使用） …▸ 117ページ参照

綿糸による浅黄（経糸、緯糸に使用）

綿糸1kgを染めるための材料： 藍草（蒅《すくも》）60g

1　薄色を染める場合は蒅の量を少なくして藍建した薄色専用の甕を用いて染色する。

2　糸を湯に浸してから絞り、糸を両手でさばき風を入れて置く。

3　薄色専用の藍甕に、竹棒を通した糸を静かに浸し、綛の上下を数回繰り返しながら3分間藍液に浸して置き、糸を液から上げて2本の竹棒で堅く絞り、糸をさばいて1本1本の糸が離れるようにしながら風を入れて酸化させる。

4　糸を再び藍甕に浸し、同様の操作を繰り返す。

5　染め上った糸を竿に通して日陰で薄く拡げて風にあてる。30分くらいで水洗いして乾かす。

6　数日置いてからよく水洗いし、天日で乾かす。
なお藍の薄色は、染めたては特に退色しやすいので、乾いたらすぐに紙に包んで暗い場所にしまって置き、半年ぐらい過ぎてから使用した方がよい。

47. 格子縞　子持弁慶《こもちべんけい》

弁慶格子のなかに筋格子を入れた縞。このような柄は江戸時代から明治にかけての木綿織物には多かった。

何色かの色糸を用いて、不同な格子にしたものを変り格子といった。五、六色の筋糸を用いたものもあった。

経糸

1寸（38ミリ）間65羽

黒鼠	26羽
檳榔子黒	7羽
黒鼠	26羽
黄茶	26羽
檳榔子黒	7羽
黄茶	26羽

以上一縞　以下繰り返し

黒鼠《くろねず》

王朝文学のなかに濃き鈍色というのがある。鼠色の濃い色のことであるが、古代の墨《すみぞめ》も同じ色相である。黒茶とは違って茶色のない色とした。

小楢《こなら》による黒鼠(経糸、緯糸に使用)

絹糸1kgを染めるための材料： 小楢(樹皮)1kg　塩化第一鉄40g

1　小楢の樹皮500gを4 ℓ の水に入れて熱し、沸騰してから20分間熱煎して煎汁を取る。同じようにして6回まで煎汁を取って染液にする。
2　染液を熱して糸を浸し、10分間煮染したあと、染液が冷えるまでか、都合では一晩染液に浸して置く。
3　塩化第一鉄20gを溶かしたぬるま湯に、染糸を20分間浸して媒染し、よく水洗いする。
4　染液を熱して媒染した糸を浸し、15分間煮染したあと、よく水洗いして、よく拡げて天日で中干しする。
5　新たに小楢の樹皮500gを用いて、1～4の工程を繰り返して染め重ねる。
6　何回も水をかえてよく洗い、天日で乾かす。

藤による黄茶(経糸、緯糸に使用)

絹糸1kgを染めるための材料： 藤(緑葉)1.4kg　硫酸銅30g

1　藤の緑葉700gを6 ℓ の水に入れて熱し、沸騰してから20分間熱煎して煎汁を取る。同じようにして4回まで煎汁を取って染液にする。
2　染液を熱して糸を浸し、10分間煮染したあと、染液が冷えるまでか、都合では一晩染液に浸して置く。
3　硫酸銅15gを溶かしたぬるま湯に染糸を20分間浸して媒染し、よく水洗いする。
4　染液を再び熱して媒染した糸を浸し、15分間煮染したあと、染液が冷えるまで置く。
5　よく水洗いしてから、よく拡げて天日で中干しする。
6　新たに藤の緑葉700gを用いて1～4の工程で染め重ねる。
7　何回も水をかえてよく洗い、天日で乾かす。

檳榔子と藍草と楊梅による檳榔子黒(経、緯の筋糸に使用)

…▶ 63ページ参照

緯糸

1寸(38ミリ)間約80本

黒鼠	30本
檳榔子黒	8本
黒鼠	30本
黄茶	30本
檳榔子黒	8本
黄茶	30本
以上一縞	以下繰り返し

経糸

1寸(38ミリ)間65羽

纁　1羽

藤鼠／纁　きりかえ　80羽

藤鼠　1羽

纁／藤鼠　きりかえ　80羽

以上一縞　以下繰り返し

48. 格子縞　網代縞《あじろじま》

竹で編んだ網代を形どった縞で、網代織ともいう。細かいものから大きいものまで、また縦長のもの、横長のもの、さらに縦長と横長を組み込んだものなど、いろいろ織られている。

正倉院に伝わる甃文雑色織裂は経緯とも赤と黄の太い糸を用いて網代で石畳文に織ってある。

里見弴《とん》の『大道無問《だいどうむもん》』には「お納戸に焦茶の網代のお召」とある。

纁《そい》

養老衣服令の纁は、『令義解《りょうのぎげ》』の注には、「三染絳也」、『令集解』には「浅絳也」とある。3回くらい茜草で染めた薄い赤である。

六葉茜《むつばあかね》による纁（経糸、緯糸に使用）

絹糸1kgを染めるための材料：
六葉茜（根）300g　明礬30g　灰汁10ℓ

1　六葉茜の根300gを5ℓの水に入れて熱し、沸騰してから20分間熱煎して煎汁を取る。同じようにして5回まで煎汁を取って染液にする。
2　染液を熱して糸を浸し、10分間煮染したあと、染液が冷えるまでか、都合では一晩染液に浸して置く。
3　明礬30gを溶かしたぬるま湯に、染糸を20分間浸して媒染し、よく水洗いする。
4　染液を再び熱して媒染した糸を浸し、15分間煮染したあと、染液が冷えるまで置く。
5　よく水洗いしたあと、よく拡げて天日で中干しする。
6　5回まで煎じた根を臼などで搗いてから、1と同じようにして煎じ、10回まで煎汁を取って染液にする。
7　6～10回の染液を熱して中干しした糸を浸し、20分間煮染したあと、染液が冷えるまで置く。
8　灰汁10ℓに染糸を30分間浸してから絞り、何回も水を取りかえてよく水洗いして天日で乾かす。

五倍子《ごばいし》による藤鼠（経糸、緯糸に使用）

絹糸1kgを染めるための材料：
五倍子（虫癭）250g　塩化第一鉄20g

1　五倍子（虫癭）250gを6ℓの水に入れて煎じ、沸騰してから20分間熱煎して煎汁を取る。同じようにして8回まで煎汁を取るが、1～4回の煎汁は一晩置いてから使用する。
2　5～8回の煎汁を熱して糸を浸し、10分間煮染したあと、染液が冷えるまでか、都合では一晩染液に浸して置く。
3　塩化第一鉄20gを溶かしたぬるま湯に、染糸を20分間浸して媒染し、よく水洗いする。
4　染液を再び熱して媒染した糸を浸し、20分間煮染する。
5　よく水洗いしてからよく拡げて天日で中干しする。
6　1～4回の煎汁を熱して中干しした糸を浸し、20分間煮染する。
7　何回も水を取りかえてよく洗い、天日で乾かす。

緯糸

1寸（38ミリ）間約80本

纁	2本	
藤鼠	1本	の繰り返し50回
纁	1本	
藤鼠	2本	
纁	1本	の繰り返し50回
藤鼠	1本	

以上一縞　以下繰り返し

49. 格子縞　一崩《いちくずし》

一崩、二崩、三崩、四崩などを崩縞《くずしじま》また崩格子また単にくずしともいっている。経糸と緯糸の縞割の仕方でできる細かい網代、唐桟縞のなかにみられる。夏目漱石の『虞美人草』には「崩し格子の畳から浮く角に何やら光るものが奥に挟まっていた」とある。

一崩の経は地糸二羽（4本）に対して筋糸片羽（2本双）に縞割りして、または地糸一羽（2本）に対して筋糸片羽（1本）、緯糸は地糸2本に対して筋糸1本である。

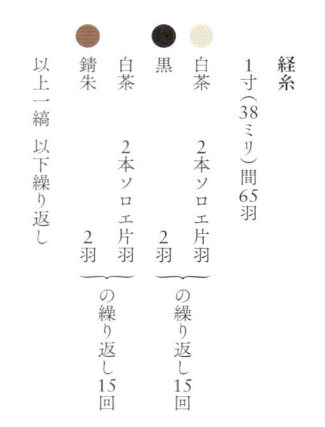

経糸

1寸（38ミリ）間65羽

白茶　2本ソロエ片羽
黒　2羽
の繰り返し15回

白茶　2本ソロエ片羽
錆朱　2羽
の繰り返し15回

以上一縞　以下繰り返し

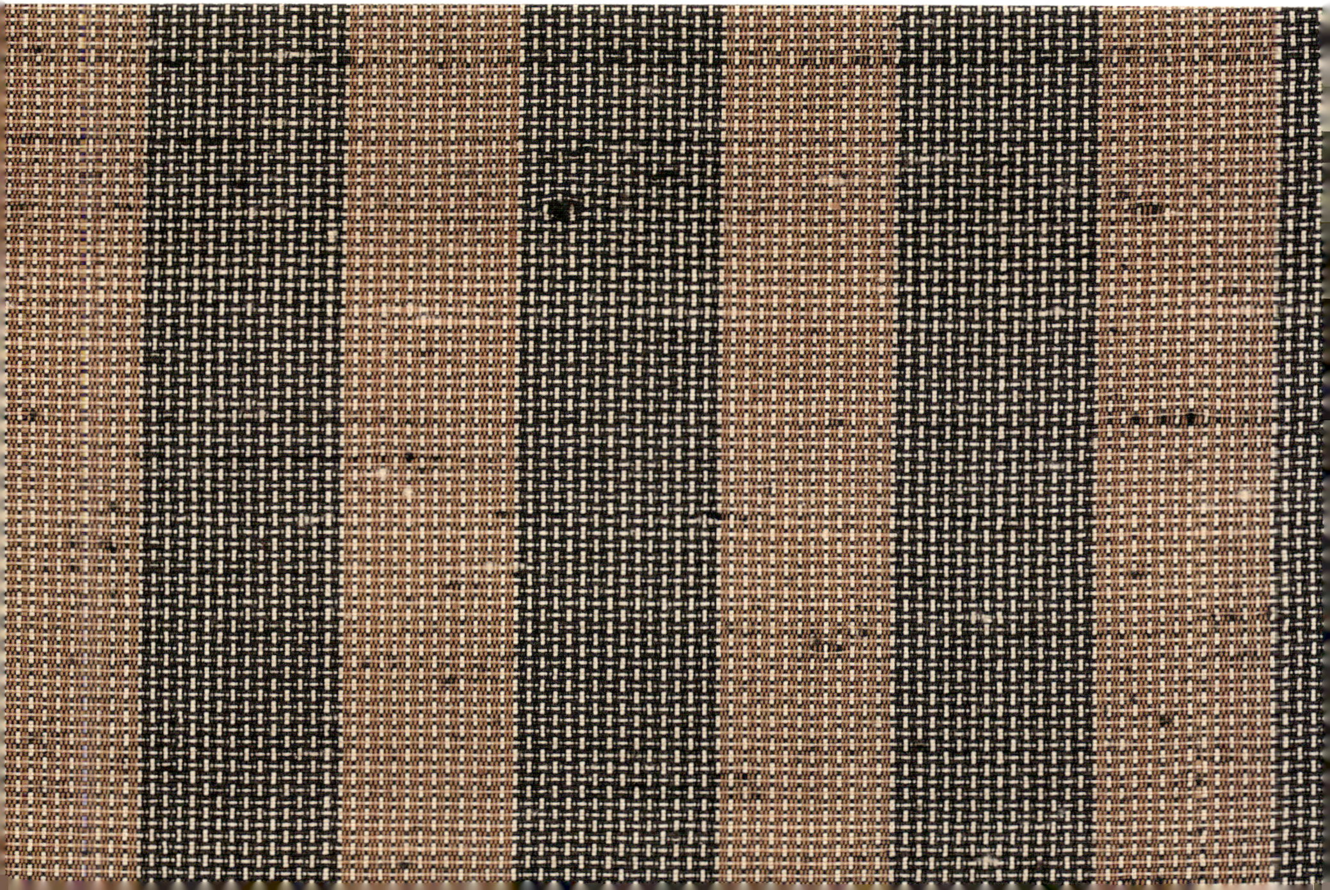

黒
くろ

『日本書記』の皁衣《くろきぬ》は、雑木で染めた黒茶色の庶民の服色であった。養老衣服令の墨《すみぞめ》も同じ黒茶色であり、純黒でないいくらか茶味の黒である。ロッグウッドと他の黒染用の草木を用いて染めると純黒に近い色相になる。

ロッグウッドと楊梅と赤芽槲による黒（経糸と緯糸に使用）

絹糸1kgを染めるための材料：ロッグウッド（エキス）200g
楊梅（樹皮）200g　赤芽槲（緑葉）400g　塩化第一鉄80g

1 ロッグウッドのエキス200gを金槌などで叩いて細かくし、5ℓの水に入れて熱し、沸騰してから20分間熱煎したあと、絹篩《きぬぶるい》で漉し20ℓの熱湯を加えて染液にする。
2 染液を熱して糸を浸し、15分間煮染したあと、染液が冷えるまでか、都合では一晩染液に浸して置く。
3 塩化第一鉄20gを溶かしたぬるま湯に染糸を浸して20分間媒染し、よく水洗いする。
4 染液を再び熱して媒染した糸を浸して、20分間煮染したあと、染液が冷えるまで浸して置く。
5 よく水洗いしてよく拡げて天日で中干しする。
6 楊梅の樹皮200gを6ℓの水に入れて熱し、沸騰してから20分間熱煎して煎汁を取る。同じようにして8回まで煎汁を取るが、1～4回の煎汁は一晩置いた上澄液だけを使用する。
7 5～8回の染液を熱して、ロッグウッドで染めた糸を浸し、10分間煮染したあと、染液が冷えるまでか、都合では一晩染液に浸して置く。
8 塩化第一鉄20gを入れたぬるま湯に20分間浸して媒染し、よく水洗いする。
9 染液を再び熱して媒染した糸を浸し、15分間煮染したあと染液が冷えるまで浸して置き、中干しする。
10 1～4回の煎汁の上澄液を熱し、中干しした糸を浸して7～9の工程で染め重ねる。
11 赤芽槲の緑葉400gを6ℓの水に入れて熱し、沸騰してから20分間熱煎して4回まで煎汁を取る。
12 染液を熱して中干しした糸を浸し、10分間煮染したあと、染液が冷えるまで置く。
13 塩化第一鉄20gを溶いたぬるま湯に染糸を20分間浸して媒染し、よく水洗いする。
14 染液を再び熱して媒染した糸を浸し、20分間煮染したあと、染液が冷えるまで浸して置く。
15 何回も水をかえてよく洗い、天日で乾かす。

緯糸
1寸（38ミリ）間約70本

白茶	1本
黒	2本
以上一縞	以下繰り返し

楊梅と蘇枋による錆朱（経糸に使用）…▸ 52ページ参照

薩摩椎《まてばしい》による白茶（経と緯の筋糸に使用）

絹糸1kgを染めるための材料：薩摩椎（緑葉）500g　明礬30g

手法は59ページ、樟による白茶と同じ工程で染色する。

50. 格子縞　三崩《さんくずし》

崩縞のなかの三崩。算崩、また栈崩ともいった。三筋ずつの縞を縦横に石畳のようにした縞。

江戸文学のなかに算くづしまた三崩とあり、『万金産業袋』には赤栈崩し、藍栈崩しとある。これは栈留縞からきた名称であろう。また赤算崩、藍算崩ともある。経糸は地糸2本筋糸1本地糸1本筋糸1本地糸1本筋糸1本の繰り返しで縞割りする。

二筋ずつにしたのが二崩、四筋にしたものが四崩である。

江戸時代の商家の男子の着物として流行したが、流行しすぎたために、三崩は身崩、二崩は荷崩に語呂が同じだといって嫌ったという話もある。

主として藍染の濃淡で織った綿縞であるが、紬にも織られ、色も赤、黒、茶、鼠などいろいろな色が使用されている。

経糸（綿糸40番双糸）

1寸（38ミリ）間45羽

紺	1羽
浅黄	片羽
紺	片羽
浅黄	片羽
紺	片羽
浅黄	片羽

以上一縞　以下繰り返し

緯糸（綿糸20番単糸）

1寸（38ミリ）間約70本

紺	2本
浅黄	1本
紺	1本
浅黄	1本
紺	1本
浅黄	1本

以上一縞　以下繰り返し

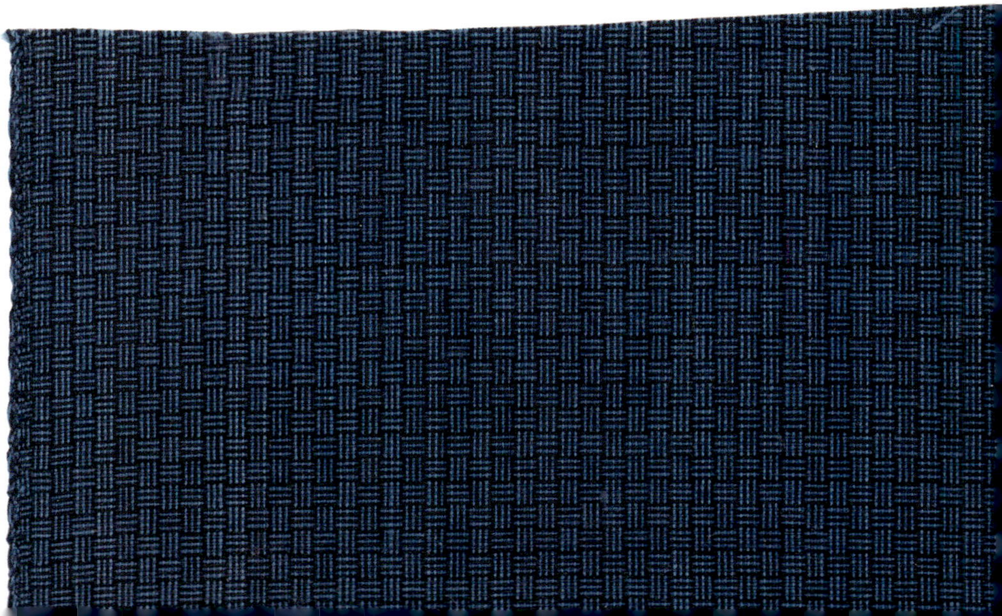

● 綿糸による紺（経緯の筋糸に使用） …▶ 117ページ参照

● 綿糸による浅黄（経緯の筋糸に使用） …▶ 123ページ参照

綿糸の染色

綿糸で染色する場合は、精練をする必要がある。漂白した糸は草木染の場合染め付きが悪いので無漂白の糸を使用して精練する。また螢光剤を使用した糸もあるが、これは染め付きが悪い上に、染色したあと、螢光剤の影響で糸の表面が粉をかぶったようになるので絶対に避ける。

綿糸を精練する場合は、糸の重量の8％の炭酸ソーダを入れた液で3～4時間、糸の綛《かせ》を返しながら煮る。

多量の場合は木綿の袋に入れて釜の中に積み重ねるようにして精練する。

煮上がった糸は、水を何回も取りかえてよく洗い、天日で乾かす。

煮染したあと染液に浸して置く時間を、絹に比べて長時間にするが、なるべく一晩浸して置く。少量の染色で染液がすぐ冷めてしまうような場合は途中で、1回液を熱するか、冷めない工夫をする。それでも色素などの吸収はあまりよくないので、同じ染液を2～3回使用して、繰り返し染め重ねた方がよい。

媒染剤は絹の場合より、少し多めに用いるが、それでも媒染後の煮染で色が戻ってしまうこともあるので、その場合は水洗いする前に、さらに半量の媒染剤を用いる。

綿糸はタンニンを多く含む染材料の染着はよいが、他の染材料はそのままでは染着しにくいので、五倍子、楊梅などタンニンを多く含んでいるもので下染する必要がある。コチニール、蘇枋、ログウッドなどの場合である。ただログウッドは下染しないでもよく染まるが、下染したほうが堅牢度がよい。

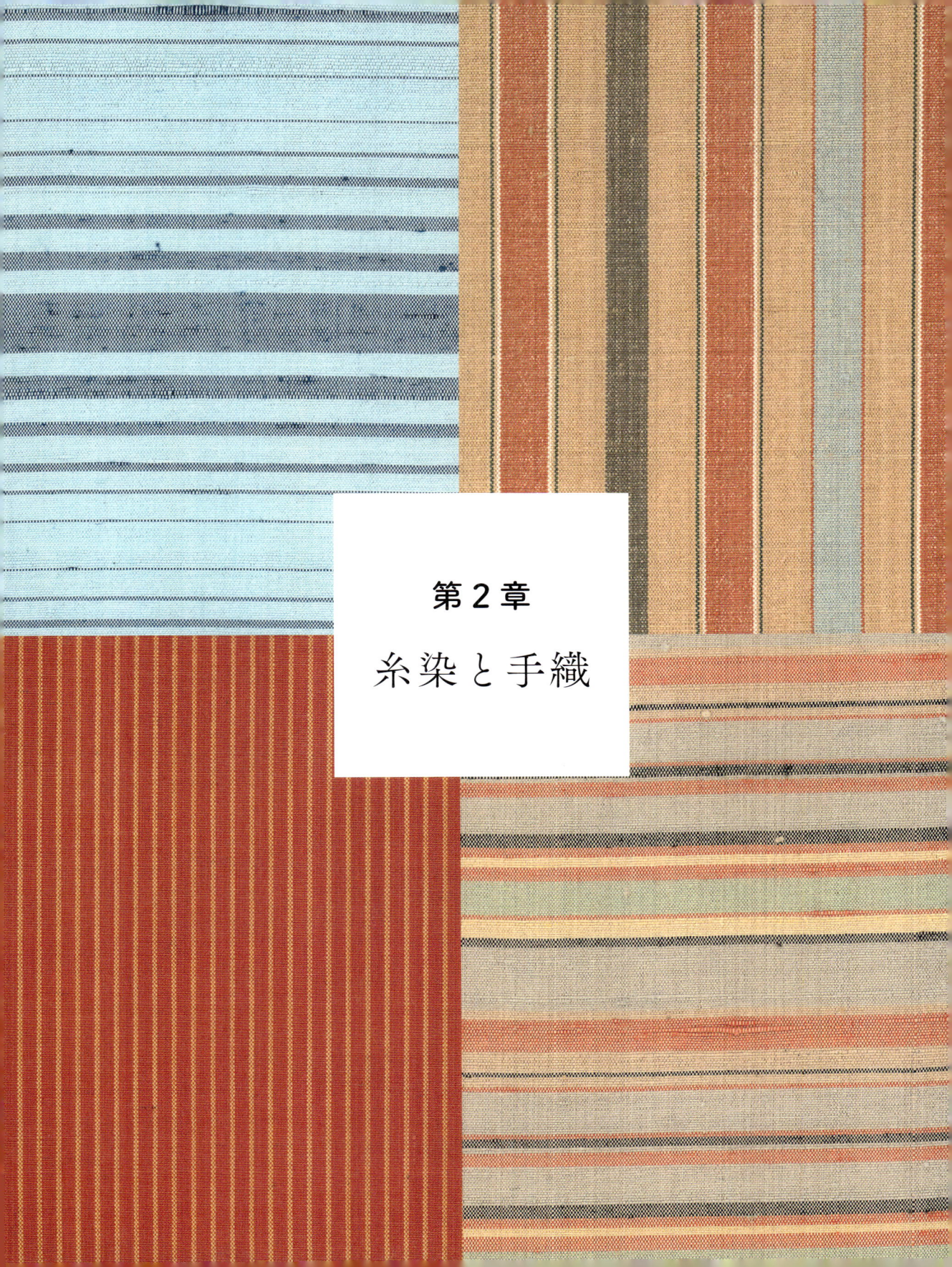

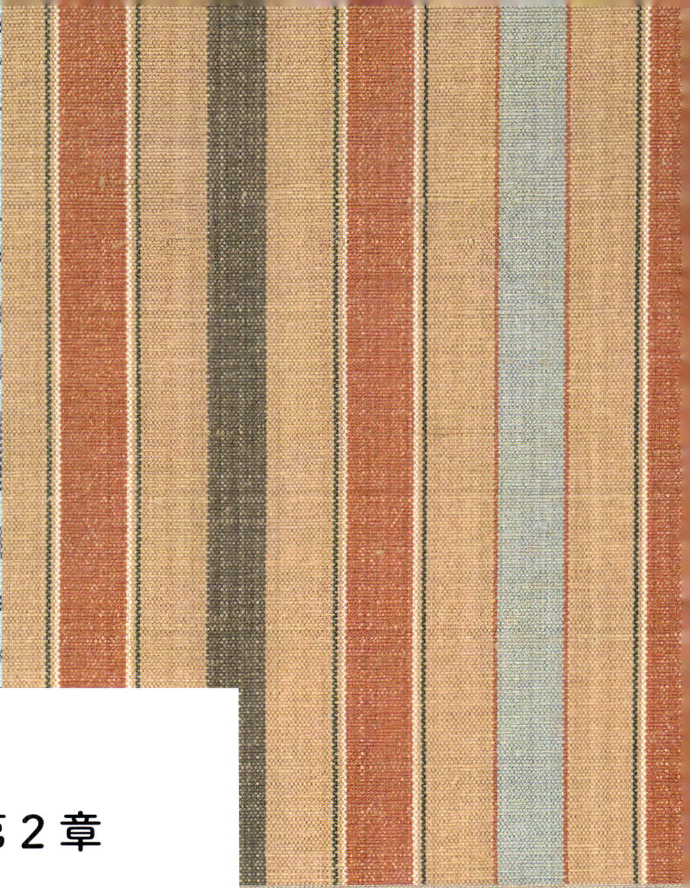

第2章

糸染と手織

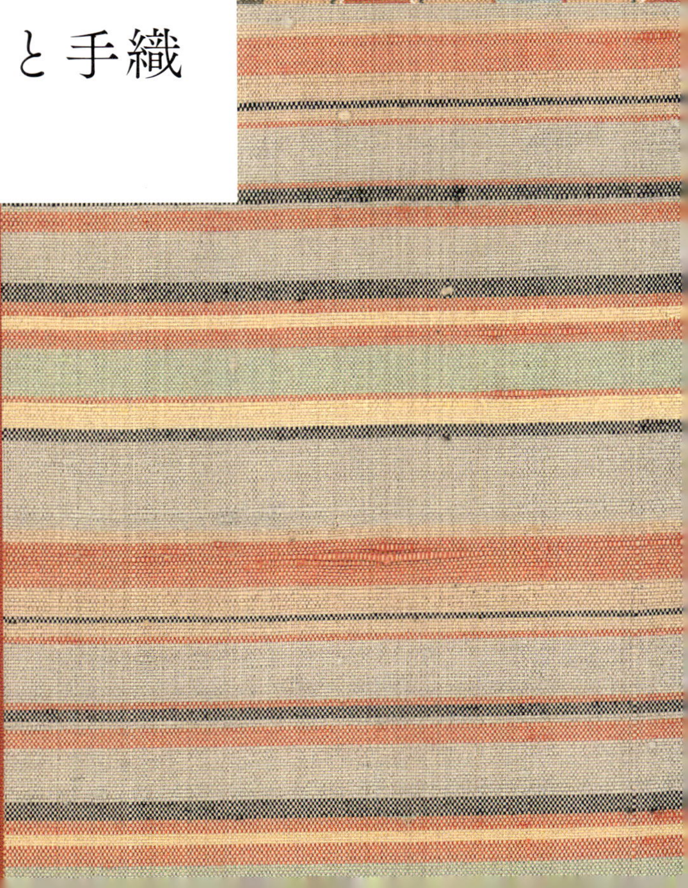

糸と灰《あ》汁《く》練り

1

本書に掲載している織帛に使用した緯糸は、すべて玉繭《たままゆ》や屑繭《くずまゆ》などから手引きした糸を用いた、赤城山麓の農家の主婦によって紬がれたものである。

2

経糸は座繰《ざぐり》の生糸を用い、すべて灰汁練りしたもので、藁灰また木灰の上澄液を利用する。藁灰の二番液に経糸を一晩浸して置く。

3

浸して置いた経糸を灰汁から上げて、藁灰の一番液を熱した中に入れ、1〜2時間ほど綛《かせ》を繰り返しながら精練する。充分に水洗いしたあと天日に干して乾かす。

樟《くすのき》による白茶

（59ページ参照）

① 樟の緑葉を熱煎して煎汁を取り、4回まで煎汁を取って染液にする。

② 染液を熱して糸を浸し、煮染したあと染液が冷えるまで置く。

③ 灰汁に染糸を浸して媒染し、よく水洗いしてから天日で乾かす。なお59ページの場合は明礬媒染《みょうばんばいせん》で染色しているが、この場合は灰汁による媒染をした。

蘇枋《すおう》による蘇芳色《すおうじき》

（37ページ参照）

1

蘇枋の幹材を熱煎して煎汁を取る。同じようにして4回まで煎汁を取って染液にする。

2

染液を熱して糸を浸して煮染し、染液が冷えるまで置く。

3

明礬を溶かしたぬるま湯に染糸を浸して媒染する。

4

媒染した糸はよく水洗いする。

5

再び染液を熱して煮染《にぞめ》する。

6

4回まで煎じた幹材《かんざい》を再び熱煎《ねつせん》して8回まで煎汁を取って染液にし、同じようにして染め重ね、最後に酢酸アルミニウムで媒染し、よく水洗いしてから天日で乾かす。

紅花とコチニールによる紅

（70ページ参照）

①

紅花をぬるま湯に浸して2時間置き、花を絞って黄色の液を取る。3回まで同じようにして黄色の液を取る。

②

黄色の液を熱してクエン酸を少量加える。糸を浸して煮染し、染液が冷えるまで置く。

③

錫《すず》を溶かした水に染糸を浸して媒染し、よく水洗いする。染液を再び熱して媒染した糸を浸して煮染する。そのあと染液が冷えるまで置く。

4 紅花の黄色液で染めた糸は水洗いしたあと天日で乾かし、数日以上置く。

5 コチニールを熱煎して煎汁を取る。煎汁は4回まで取って染液にする。

6 染液を熱し、黄色に染めた糸を浸す。

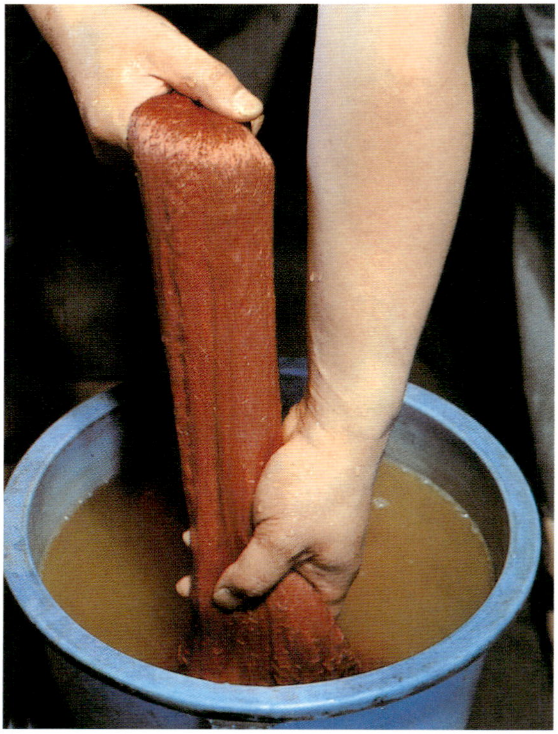

⑦ コチニールの染液で煮染したあと染液が冷えるまで置く。錫を溶かした水に染糸を浸して媒染する。

⑧ よく水洗いする。

⑨ 再び染液を熱して氷酢酸《ひょうさくさん》をわずかに加えて、媒染した糸を浸して煮染する。染液が冷えるまで置き、天日に拡げて中干しする。4回まで煎汁を取ったコチニールを再び煎じて8回まで煎汁を取り、同じようにして染め重ねる。

合歓《ねむ》木《のき》による菜花《なのはな》色

（73ページ参照）

1

合歓木の緑葉を熱煎して煎汁を取る。

2

同じようにして4回まで煎汁を取って染液にし、糸を浸して煮染する。

3

煮染した糸は染液が冷えるまで置いてから、明礬を溶かした水に入れて媒染し、よく水洗いする。再び染液を熱して媒染した糸を浸して煮染したあと、明礬で媒染してから、よく水洗いし、天日で乾かす。

藍草《あい》による縹《はなだ》

（97ページ参照）

1 灰汁建した藍甕《あいがめ》に糸を浸し、綛《かせ》を繰り返しながら5分間浸して置く。

2 静かに糸をあげる。

3 堅く絞り、風を入れて酸化させ、再び藍甕に糸を浸して、染め重ねる。

4 藍を酸化させるために、染糸を日陰に拡げて中干しする。

5 中干しした糸は再び藍甕に浸して染め重ねる。

6 酸化させるために糸をさばいて風を入れる。染めあがった糸は日陰に拡げて風にあて、完全に酸化させてから水洗いして乾かす。

熊野《くまの》水木《みずき》による焦茶《こげちゃ》

（71ページ参照）

1

熊野水木の緑葉を熱煎して煎汁を取る。

2

4回まで取った煎汁を染液にして熱し、糸を浸して煮染したあと染液が冷えるまで浸して置く。

3

鉄を溶いたぬるま湯に染糸を浸して媒染する。

4

媒染したあとよく水洗いする。

5

染液を再び熱して媒染した糸を浸して煮染する。

6

煮染したあと、すぐ1回水洗いしてから、灰汁に浸して媒染し、よく水洗いした上で天日で乾かす。

櫟《くぬぎ》による茶色

（71ページ参照）

1

櫟の樹皮を熱煎して3回まで煎汁を取り、染液にして熱し、糸を浸して煮染したあと染液が冷えるまで置く。

2

銅を溶いたぬるま湯に染糸を入れて媒染したあとよく水洗いする。

3

染液を再び熱して媒染した糸を浸し、煮染したあと染液が冷えるまで置き、よく水洗いしてから天日で乾かす。3回まで煎汁を取った樹皮を用いて6回まで煎汁を取り、同じようにして染め重ねる。

経《たて》糸《いと》の糊《のり》付《づけ》

1

ふのりを温湯に浸して置き、火にかけてよく溶かして漉《こ》した液に、小麦粉を加え80℃以下で煮る。

2

水で倍量に薄めた中に経糸を浸して数時間または一晩置く。

3

経糸を堅く絞って余分の糊をしごき、糸をさばいて風を入れて乾かす。糊付は必ず晴れた日にする。

経糸の小枠《こわく》揚げ

①-③ 糊を付けた経糸をトンボ（フワリ）にかけ、糸を拡げて綾を確かめてからあみそを切って糸口を出し小枠（糸枠）に揚げる。整経の準備である。6色の経糸をつぎつぎと小枠に移す。

①

②

③

整《せい》経《けい》

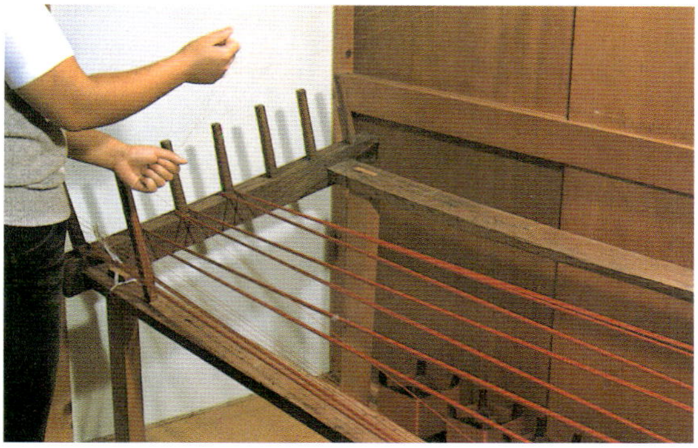

1

小枠に揚げた1色の経糸を並べて糸口を集め、経台《けいだい》の上で経糸の長さに経《へ》る。

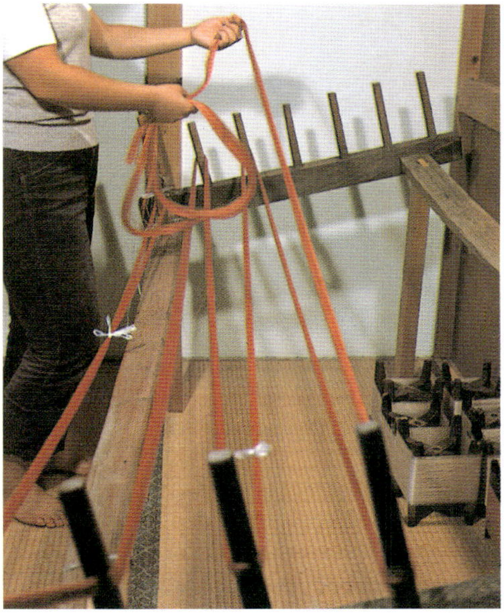

2

必要とする本数だけ経たら、経台から糸を揚げる。

3

別の色糸の整経をする。同じようにして使用する6色の色糸のそれぞれの必要とする本数の経糸を経る。手織の場合は、1色ずつ別々に整経するのが普通である。

縞割り

1 整経した6色の糸を並べて、その糸口を1羽ずつ縞見本と同じ本数だけ数えて縞割りする。

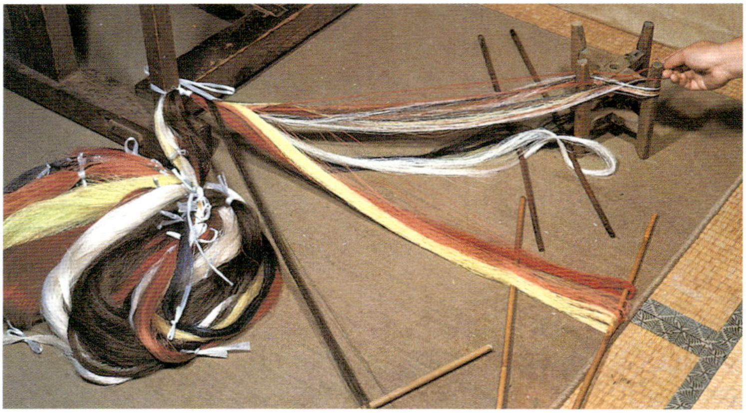

2 この時、綾《あや》を乱さないよう注意しながら小枠にかけていく。

3 全部の縞割りがすんだら綾棒を糸の綾に差し込んで綾棒に経糸を移す。

筬《おさ》通し

①-③　縞割りのすんだ経糸を筬に通す。布幅が筬の中心になるよう、筬幅によって両端を少しあけて、端から１羽ずつ筬通し貝（さんご）を使って経糸を通してゆく。筬は竹筬を用いる。この場合、1寸間（38ミリ）65羽のものである。

1

2

3

経糸の巻取り

1 筬通しがすんだら緒巻《おまき》に経糸を巻き取る。棒に6色の経糸の端を結び付け、縞を揃えながら経糸を引っ張ってたるみをなくする。

2 はたぐさを入れながら、経糸を巻いていく。

3 糸にたるみができないよう、櫛でとかしながら巻き揚げる。

綜絖《そうこう》をかける

1　巻き取った経糸の上糸に、1本ずつ木綿糸（20番ぐらいのカタン糸）をかけて綜絖を作る。

2　片側の綜絖がかけ終わったら、小麦粉を水で硬く溶いて作った糊を綜絖の上に塗って、木綿糸を固定させる。

3　小麦粉が乾いたら、天地を逆にして、裏側の糸に綜絖をかける。これを「かけ糸かけ」また「かけ糸」といい、この綜絖を普通「かけ綜絖」といっている。木綿糸はほぐして何回でも使用できる。

機《はた》に揚げる

1 綜絖ができたら経糸を機の上に揚げる。

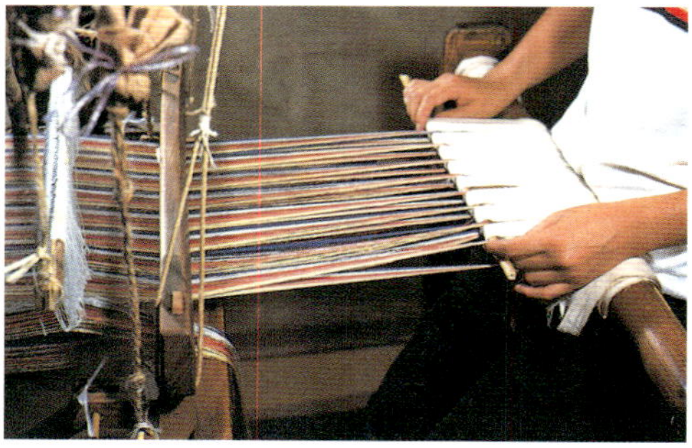

2 千巻《ちまき》につけた織つけ布に細い竹棒を通し、それに長さを一定に結んだ経糸をかけていく。

3 かけ綜絖の場合、綜絖だけでは片方の綾しか口が開かないので、他の一方の綾に中筒《なかづつ》用の綾棒を2本入れて中筒を作る。

緯糸の管巻き

①-③ 緯糸をトンボ（フワリ）にかけて綾を確かめてからあみそを切り、糸口を出して糸車（管巻器）を用いて小管《こくだ》に緯糸を巻く。小管に巻く糸の堅さの度合が、織る時に影響するので、それに気をつけて巻く。

①

②

③

機織り

①-③　織付けをする前に縞が間違っていないか、また綾が間違っていないか、また筬通しが間違っていないかなどを確かめる。緯糸を巻いた小管を杼《ひ》に入れて、経糸の杼口に杼を通して筬で打ち込む。杼は二丁を使用して交互に入れる。織付けをしたらあとは織るだけであるが、経糸の切れることもあるし、また綾がよく開かなかったためにすくいができることもあるのでよく注意しながら織る。手織の場合、織る人によって織りあがったものの風合いが違ってくる。その人の性格が現われるというのか、そこに手織の良さがあるともいえる。

①

②

③

第3章

染材と媒染剤

紫色の染材

むらさき

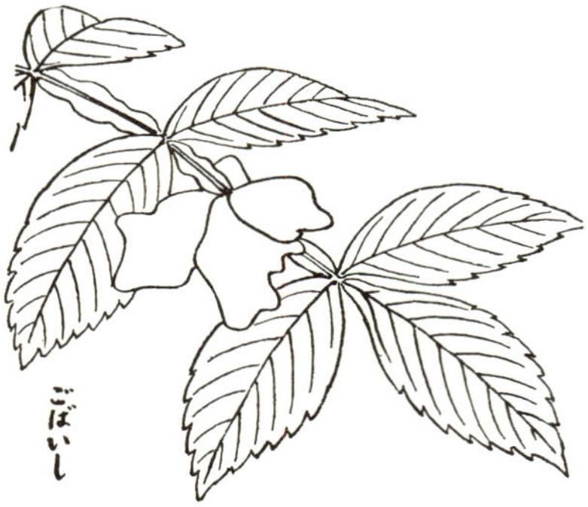

ごばいし

ロッグウッド

ぬるで

しそ

ちょうじたで

むらさき　紫草　〔むらさき科〕

Lithospermum erythrorhizon

日本、中国、アムールに広く分布する多年草で山地や草原に自生する。根は赤紫色で太く地中にまっすぐ伸び、6～7月頃白い小さな花を次々に付ける。昔は栽培もされてその根を染色に重用され、服色最高位の色を染めてきたものである。また薬用にも使われ、生薬名は紫根《しこん》。現在では野生のものを採集することは不可能に近いが、中国から輸入しているのでそれを用いる。

古代から椿、柃《ひさかき》などのアルミ分を多く含む灰汁《あく》で、先媒染して染色してきた。また赤味を付けるために酸も用いている。現在では灰汁の代わりにアルミ媒染剤で先媒染してもよい。

アルカリ媒染で青味の紫色。アルカリとアルミの併用で紫色。アルミ媒染で赤味の紫色を染める。しかし古代の紫色を染めるにはやはり椿、柃などの灰を用いないと染まりにくい。

ロッグウッド　魯格烏特　〔まめ科〕

Haematoxylon campechianum

原産地は中米だが、かつて熱帯地方で広く栽培されていた小高木で刺《とげ》がある。花は黄色。幹材から煎汁を取り、エキスにして販売されているが、幹材で染色した方がよい。日本で使用されたのは、明治からであるが、錫媒染で紫色、アルミ媒染で紫黒色、鉄媒染で青黒色、鉄とクロムの併用で黒色を染める。現在紫色を染める染材としては、一番適しているように思える。コチニールと併用すると、赤紫系の各種の色が染色できる。

綿糸を染めるには、タンニン系の染材で下染した上で染色する。

しそ　紫蘇　〔しそ科〕

Perilla frutescens var. acuta

中国南部の原産で、広く畑に栽培する1年草。梅漬の着色などに用いられる。紫蘇で染色したことはないようだが、明治時代に色素を取って粉末植物染料を作った記録がある。

錫媒染で藤色を染めるが、アルミ媒染で青磁色、クロム媒染の渋味の緑色も美しい。

染色方法によってはよい染材になるかもしれない。

ごばいし　五倍子

ヌルデノミミフシアブラムシ Melaphis Chinensis の刺傷によって、ヌルデなどの植物の葉などにできる虫こぶを蒸して乾燥したものを五倍子また付子《ふし》という。成分の大部分がタンニンなので、その染色である。薬用にも用いる。

鉄媒染で藤鼠、紫鼠、紫黒色など鼠系の色を染めるが、新しい染材を用いた場合は紫色も染められる。平安時代の黒橡《くろつるばみ》は主として五倍子が用いられたらしい。

五倍子はタンニンが主成分なので、木綿染の下染に用いる。コチニールやロッグウッドを染める時の下地である。

ぬるで　白膠木　〔うるし科〕

Rhus javanica

全国の山野に多い落葉の小高木。秋早く紅葉することで知られる。五倍子虫が寄生し五倍子を作るので「ふしのき」の名もある。五倍子と同じくタンニンが主成分である。

樹皮を採集して染色すると、鉄媒染でいくらか黒味のある美しい紫色が染まり、錫媒染では肌色が染まる。緑葉を用いると、アルカリ、アルミ媒染で薄茶、銅媒染で茶色、鉄媒染で黒茶から黒色を染める。

五倍子と同じように木綿の下染用にも利用できる。

ちょうじたで　丁子蓼　〔あかばな科〕

Ludwigia epilobioides

畔など湿った地に自生する1年草。夏から秋にかけて、葉腋に柄のない黄色い小花を付ける。丁子蓼は草の形が蓼に似て、その花が丁字の形に似ているので名付けられた。

花が咲き始めた頃、茎葉を刈り取って染用にする。鉄媒染で五倍子と同じように藤鼠から紫鼠、何回も染め重ねると黒色も染まる。銅またクロム媒染では芥子色を染める。

自生しているところではまとまった群をなしているので、大量に採集できる。採集したらすぐに使用した方がよい。

すおう　蘇枋	…▶	赤色の染材	161ページ参照
いちい　一位		〃	〃
ラック　紫鉱		〃	〃
コチニール　介殻虫	…▶	〃	163ページ参照
こうき　紅木		〃	〃

共に鉄媒染で紫色を染める。

ひさかき　柃　…▶ 青色の染材　165ページ参照

60℃以下で染色し、アルミと錫の併用で紫色を染める。

赤色の染材

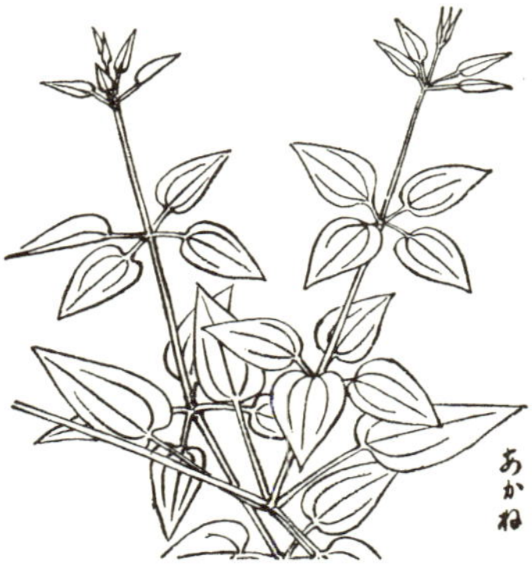

あかね

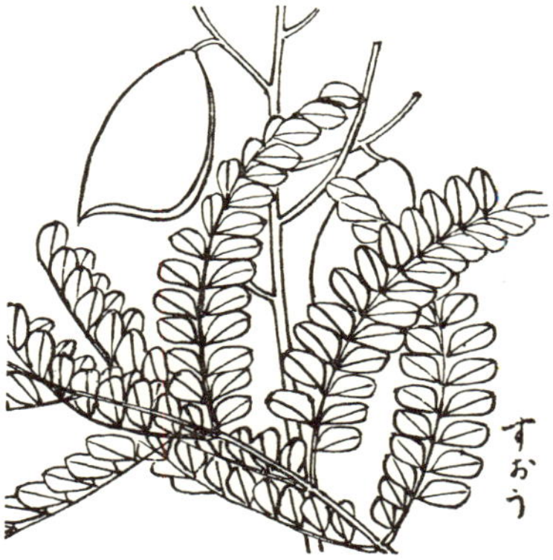

すおう

むつばあかね

いちい

べにばな

ラック

あかね　茜草　〔あかね科〕

Rubia akane

アジアの暖帯に広く分布し、西はアフガニスタンまで達する蔓性の多年草。日本では本州以南の山地や野原に普通にみられる。根は太いひげ状で艶のある黄赤色をしている。その根を染材にするが、薬用にもする。生薬名茜根《せいこん》。ある場所にはまとまって生えているので採集する気になれば相当量採集できる。採集した根を乾燥してすぐ染色に用いる。古くなると染まらない。

アルカリ媒染で赤色、アルミ媒染で黄赤色を染める。昔は椿、柃などの灰汁を使用した。先媒染で染色する。

むつばあかね　六葉茜　〔あかね科〕

Rubia tinctorum

普通西洋茜といわれる。地中海沿岸の南ヨーロッパ、西アジア原産で、時に野生化している多年草。葉は6枚（2片正葉、他は托葉）輪生する。根は太く黄赤色をしている。日本で野生化していたことを考えると、古代において栽培されていたのではなかったかとも想像される。

西アジアやヨーロッパでは古くから赤色を染めるために用いられていた。あるいは古代の日本にも渡来していたことも考えられる。

アルカリ媒染で紫赤色、アルミ媒染で緋色、アルカリとアルミの併用で赤色を染める。先媒染して染色する。

べにばな　紅花　〔きく科〕

Carthamus tinctorius

エジプトまたメソポタミア地方原産といわれる越年草で、日本でも暖地では秋に播種《はしゅ》するが、山形など寒地では春播している。6～7月に薊に似た赤黄色の管状花《かんじょうか》をつける。その花を染材にするが薬用にも用いる。生薬名紅花《こうか》。

山形産のものは、黄色素をある程度除き、醗酵させた上で、煎餅状にして干した花餅と、醗酵させたあとそのままばらばらにして乾燥した紅花がある。ともに黄色素は少ないが黄染用にも利用できる。錫媒染で山吹色を染め、紅染用にはこの方が効率がよい。紅色素はアルカリで抽出し、酸性にかえて紅色を染める。黄色素がいくらか残っている紅《くれない》を染めるが、黄色素を完全に除くと、桃色から韓紅花《からくれない》という真赤まで染まる。

中国産の紅花は花を摘んだまま乾燥してある乱花だが、黄色素系のものが多く、紅色素は少ない。

すおう　蘇枋　〔まめ科〕

Caesalpinia sappan

インド、マレーシア原産の小高木。幹には刺が多い。花は黄色で上唇に赤筋がある。心材は赤褐色で、その心材を染材にする。薬用にもするほか、かつてヨーロッパでは葡萄酒の着色料にも利用していた。生薬名蘇方《すおう》また蘇木《そぼく》。

古代の日本では灰汁と酸で染色している。アルカリとアルミの併用で蘇芳《すおう》色、アルミで赤、濃く染め重ねると臙脂色になる。江戸時代には蘇枋は楊梅《やまもも》とともに欠かせない染材だった。蘇枋の鉄媒染か藍草との併用で紫色を染めている。いわゆる似紫《にせむらさき》である。アルミと鉄との併用で赤味の紫など各種の色を染めたが、堅牢度がよくないので紫色には利用しないほうがよい。

いちい　一位　〔いちい科〕

Taxus cuspidata

北部から中部にかけての深山に自生するが、庭にも栽植される。常緑高木で雌雄異株《しゆういしゅ》。果実は紅色で食べられる。

幹材を染材にする。アルミ媒染で赤味の肌色。赤い心材だけで染めるといくらか茶味の赤色、銅媒染で柿色が染まるが、それには煮染の時に高温を必要とするので、普通は赤鳶色、鉄媒染で紫色を染める。

ラック　紫鉱

Tachardia Lacca

インド、ブータン、ネパール、チベット、ビルマ、タイ、中国南部で採れるラック虫。介殻虫の一種である。

正倉院薬物帳に記され、正倉院に保存されている紫鉱《しこう》。また紫梗《しきょう》、紫鉚《しきょう》とも書くが、奈良時代に染色に用いられたこともあったらしい。江戸時代には花没薬《はなもつやく》と呼ばれて薬用の他に染色にも利用されたらしいが、その染色方法は残されていない。このラック虫から製した綿臙脂また生臙脂は、絵画用また更紗や友禅のさし色に使用している。しかしこれはすでに顔料になっている。

生のラックは熱煎するだけで、染液が取れるので、かつてインド、タイなどでは生ラックを用いて染色している。日本で入手できる乾燥ラックの場合染液を取るのがむずかしい。炭酸カリを加えて熱煎するとラックが全部溶解してしまい、泥状になるので、泥状にしたあと、硫酸を加えて、樹脂分だけを固める。後に残った染液で染色する。

アルミ媒染では臙脂色を染めるが、銅媒染では赤紫になり、鉄媒染では黒紫になる。

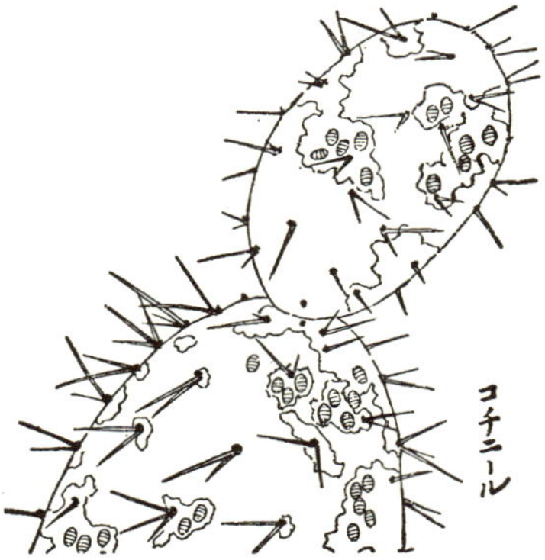

コチニール

うわみずざくら

こうき

ちゃんちん

そよご

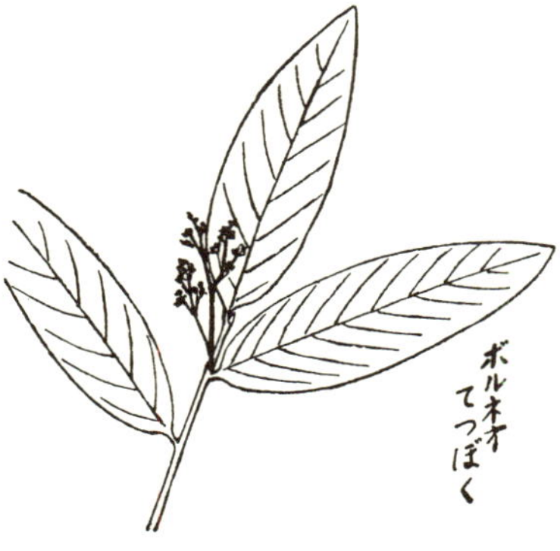

ボルネオてつぼく

コチニール　介殻虫

Coccus cacti

原産地メキシコをはじめ中米諸国では古くから赤色染色として用いられていた。サボテンの一種Nopalea Opuntia などにつく介殻虫Dactylopius cacti = Coccus-cacti（コチニール虫）の雌虫を染材にする。主として羊毛また木綿を染めていた。

錫媒染で赤、アルミ媒染で青味の赤色、クロム媒染で紫色、鉄と錫の併用で藤紫、鉄媒染で青紫色を染める。赤を染める場合は、黄色に下染した上に、染め重ねた方がよい。コチニールだけの薄色は美しいし、堅牢であるので重用したい。またコチニールに限っては濃色を染めた際に出る残液も利用して美しい色相を染めることができる。

綿糸染の場合は必ずタンニンを多く含んでいる染材での下染が必要である。

こうき　紅木　〔まめ科〕

Pterocarpus santalinus

南インド原産の小木。心材は赤色で、数年たつと酸化して紫黒色に変わる。材は堅く、三味線の棹《さお》材として高級品に用いられる。その心材を染材にするが、できるだけ細かく刻んで使用する。三味線の棹を作っているところで削り屑を貰うのもよい。

銅媒染で緋色、アルカリかアルミの媒染で黄赤色、クロム媒染で渋味の赤色、銅媒染では檜皮色になり、鉄媒染で紫色を染める。

そよご　冬青　〔もちのき科〕

Ilex pedunculosa

長野、山梨両県より西の本州、四国、九州の山地にはえる常緑の低木または小高木。葉が風にゆれてサワサワ音をたてることからソヨゴと名付けられた。果は球形で長い柄をもち、熟すと紅色になる。

染色には緑葉を用いるが、乾燥した葉で染色すると赤味が失われる。アルカリ、またはクロムの媒染で渋味の赤色。アルミ媒染で退紅《あらそめ》色。銅媒染で小豆色を染める。

うわみずざくら　上溝桜　〔ばら科〕

Prunus grayana

各地の山野に自生する落葉高木。葉は有柄で互生し楕円形、先端は急に細くなり尖る。4～5月頃五弁の小さな花を穂状に付ける。実ははじめ緑色で後に黒く熟する。古名ハハカ。

幹材及び樹皮を染材にする。幹材ではアルミまた錫媒染で橙色。灰汁またクロム媒染で黄味の赤色。銅媒染で茶味の赤色を染める。また鉄と灰汁の併用で藤鼠系の色になる。樹皮の場合はアルカリ、アルミ、錫の媒染で赤味の明るい黄茶を染め、クロムまたは銅の媒染で黄味の赤茶を染める。また鉄と石灰の併用で栗皮色を染める。

ちゃんちん　香椿　〔せんだん科〕

Cedrela sinensis

中国の原産で古く渡来した落葉高木。各地の人家に栽植されている。葉は奇数羽状複葉で互生する。7月頃大きな円錐状の花序《かじょ》を枝の先に出し、多数の白い小花を付ける。

幹材と樹皮を染材にする。幹材ではアルカリ、アルミ、錫、クロムの媒染で薄赤を染め、銅媒染で小豆色を染める。鉄媒染ではいくらか紫味の鼠色を染めるが、鉄とアルカリの併用では藤鼠になる。樹皮の場合にアルカリ、アルミ、錫の媒染で赤味の黄茶を染め、銅媒染で渋味の薄赤を染める。鉄とアルカリの併用では檜皮色になる。

ボルネオてつぼく　鉄木　〔くすのき科〕

Eusideroxylon zwageri

ボルネオ、スマトラだけに産する高木。材の比重は非常に重い。材は赤茶色をしているが、酸化すると黒茶色になる。

染色には樹皮、幹材を用いる。幹材の場合はオガ屑を利用した方がよく染まる。樹皮の方が全体に赤味の色になる。アルカリまたアルミ媒染で黄味のある赤茶を染め、銅媒染では錆朱から赤味のある檜皮色を染める。また鉄媒染では紫黒色になる。

青色の染材

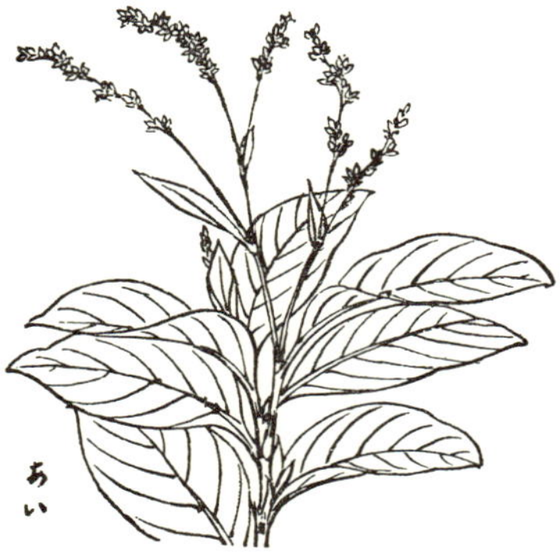
あい

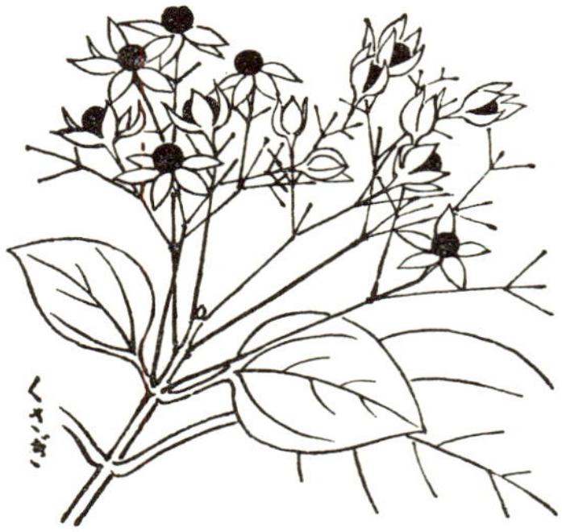
くさぎ

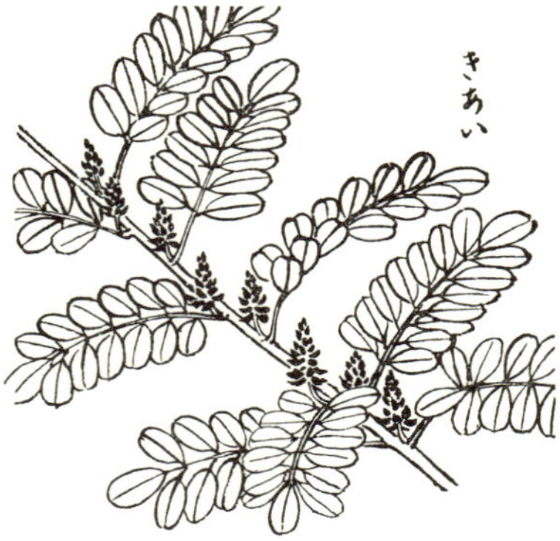
きあい

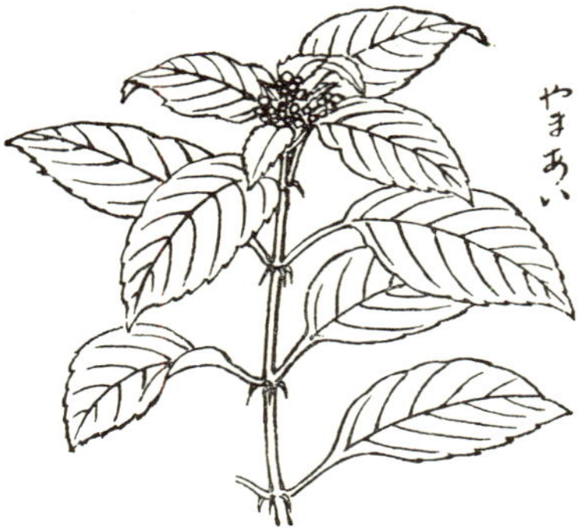
やまあい

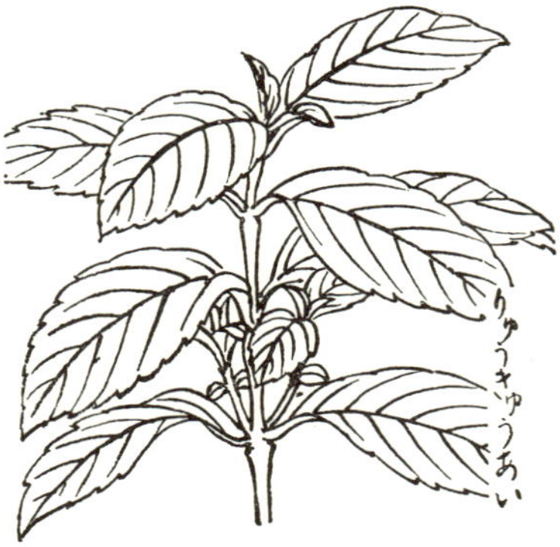
りゅうきゅうあい

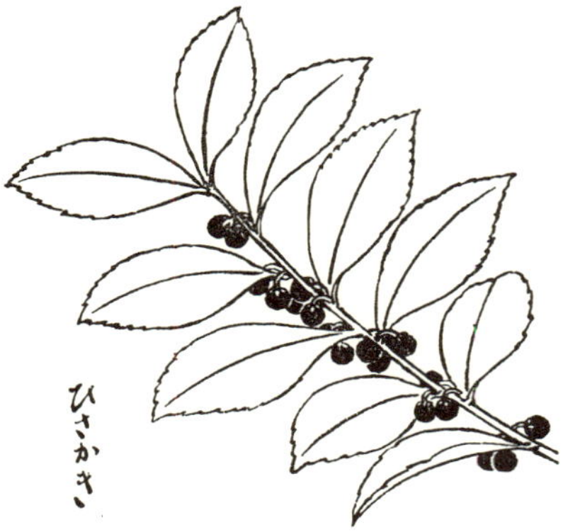
ひさかき

あい(たであい)　藍草(蓼藍)　〔たで科〕

Polygonum tinctorium

原産はインドシナ半島南部といわれているが、非常に古く中国から日本に伝えられて広く各地で栽培された1年草。藍草の緑葉に含まれている無色の色素indican《インジカン》が、乾葉では青藍indigo《インジゴ》になる。indigoは藍建することによって白藍indoxyl《インドキシル》になり、その藍液で染め、空気で酸化させてindigoになる。水色から紺まで染める。

生葉を用いる場合は、indicanがそのまま糸に浸透して、酸化することによってindigoになって定着する。ただ生葉染の場合は酸化を早めるために過酸化水素水を必ず用いる。生葉で銅媒染すると青磁色になる。

きあい(インド藍)　木藍・印度藍　〔まめ科〕

Indigofera tinctoria

インド、セイロン、マレーシアに産する低木。萩《はぎ》に似た小さい淡紅色の蝶形花を開く。葉に含まれているindicanを水に溶出して、沈殿したindigoを固めたものを印度藍と称している。同種のナンバンコマツナギ(indigofera suff ruticosa *Mill.*)はアメリカ原産とされているが、マレーシアでは野生化しているという。この他にも近似の植物は多い。インドネシアでは生の葉を直接甕に仕込んで藍建して染色している。

インドなど南方諸国で青色を染めるために用いていたが、古くよりヨーロッパに渡り、青色を染めてきた。日本では明治になってから輸入された。藍建して水色から紺まで染める。

りゅうきゅうあい　琉球藍　〔きつねのまご科〕

Strobilanthes cusia

沖縄、台湾、インドなどの樹下にはえる低木状の多年草で、やや多肉の葉を付ける。夏、枝の先に淡紅紫色の花を数個付ける。

泥藍を作って藍建して染色するが、茎葉を煮て染める方法もある。茎葉を煎じ60℃程度まで加熱すると液面に紫金色の膜ができる。その液を取って染色する。ただ紫味の色になる。また錫媒染すると藤鼠が染まる。

藍草の生葉と同じ手法で染色すると浅黄また青磁色が染まる。

くさぎ　臭木　〔くまつづら科〕

Clerodendron trichotomum

日本全土から朝鮮、中国、台湾に広く分布する落葉の低木。8～9月頃白色でよい香のする花を多数付ける。実は丸く、秋には紺色に熟す。その実を染材にして水色を染める。また実を包んでいた赤い萼を用いて鉄媒染すると銀鼠が染まる。ともに熱煎して煎汁をとって染色する。

やまあい　山藍　〔とうだいくさ科〕

Mercurialis leiocarpa

本州、四国、九州の山地や樹の下に生える多年草で群をなして繁殖する。雌雄異株。古代の摺衣《すりごろも》に用いられ、新嘗会《にいなめかい》の小忌衣《おみごろも》として伝承されているが、頂部の緑葉を用いた摺染《すりぞめ》である。緑葉に含まれている無色の色素が、酸化されて青色に変わることは間違いないが、indigoではなくその色素が何であるかは今のところはっきりしない。

辻村喜一氏は白色の地下茎を乾かして青色に変わった時に擂鉢《すりばち》などで擂《す》って水を加えて染色し、銅媒染によって青色を染めることを発見しているが、堅牢度は低い。頂部の緑葉は色素を比較的多く含んでいるので、その緑葉を用いて藍の生葉染と同じ手法で染色すると、青磁色が染まる。

ひさかき　柃　〔つばき科〕

Eurya japonica

やや乾いた山地に多く自生する常緑低木また小高木で、時々庭木として植えられる。榊の少ない地方では榊の代わりに使用される。果実は熟すると紫黒色になるが、その実を染色に利用する。

アルミ媒染で渋味の水色、銅媒染で青磁色、鉄媒染で藍鼠を染めるが、60℃以下で染色し、アルミと錫を併用して媒染すれば紫色が染まる。

黄色の染材

きはだ

かりやす

くちなし

こぶなぐさ

うこん

うしのしっぺい

きはだ　黄蘗　〔みかん科〕

Phellodendron amurense

各地の山地に自生する落葉高木。幹の外皮は厚いコルク質、内皮は黄色をしている。その内皮を古代から染材にしてきた。おそらく一番古い黄色染材であろう。また薬用にも用いた。生薬名黄柏皮《おうばくひ》。

無媒染で黄色を染めるが、アルミ媒染した方がよい。鉄媒染で鶸色《ひわいろ》を染める。緑葉を用いた場合は、いくらか緑味がつき、鉄媒染では海松色が染まる。

くちなし　梔子　〔あかね科〕

Gardenia jasminoides

静岡県以西の本州、四国、九州の山地から台湾、中国にわたって分布。また庭木や切花用として栽培される常緑低木で、夏に6片にさけた白花を付け、倒卵形《とうらんけい》また楕円形の実を結ぶ。熟すると黄赤色になる。その実を染材にする。また薬用にも用いる。生薬名山梔子《さんしし》。

無媒染で赤味の黄色を染めるが、アルミ、錫などで媒染したほうがよい。

うこん　鬱金　〔しょうが科〕

Curcuma longa

熱帯アジアの原産で沖縄、台湾には自生していたが、近年観賞用に栽培されている。芭蕉のような葉を出し、9月頃大きな花序を直立に出して花を付ける。地下に多肉の生姜状の根茎があり、その根茎を染材にする。薬用にする他カレー粉の材料や着色料にする。

酸媒染で黄色、鉄媒染で金色から金茶、アルミまたは錫媒染で赤味の黄色を染める。

木綿にもよく染まることから、古くからうこん木綿として利用されているが、堅牢度は低い。

べにばな　紅花　…▶ 赤色の染材　161ページ参照

黄色液を用いて錫媒染で山吹色を染める。

やまもも　楊梅　…▶ 黄茶の染材　173ページ参照

アルカリ、アルミ、錫の媒染で黄色を染める。

くわ　桑　…▶ 黄茶の染材　173ページ参照

緑葉を用いてアルミ媒染で黄色を染める。

アメリカせんだんぐさ　梅檀草

…▶ 黄茶の染材　173ページ参照

こせんだんぐさ　小梅檀草　〃　〃

ともに錫媒染で黄色を染める。

かりやす　刈安　〔いね科〕

Miscanthus tinctorius

近江刈安また山刈安といわれ、各地の山地にはえる。往往群をなして叢生《そうせい》する多年草。芒《すすき》を小形にしたようで、秋には3～5の枝穂を分《わか》つ花穂を付ける。花穂の出はじめた頃を適期として刈り取り染材にする。古代から黄色を染めてきた。正倉院の染紙のなかには刈安紙がある。

アルカリかアルミ媒染で黄色、銅媒染で黄茶、鉄媒染で鶯色から海松色を染める。

こぶなぐさ　小鮒草・藎草　〔いね科〕

Arthraxon hispidus

全国いたる所の田畔や原野に多い1年草。茎はその下部か地上に傾いて這い、節々から根を出す。秋、花穂の出はじめた頃に刈り取り染材にする。八丈島では古来黄色を染めてきた。江戸時代には藎草の名で染色に用いられていた。

アルカリまたはアルミ媒染で黄色、銅媒染で黄茶、鉄媒染で鶯色から海松色を染める。

うしのしっぺい　牛の竹篦　〔いね科〕

Hemarthria sibirica

原野のやや湿った地にはえる多年草で、根茎を出して叢生する。茎はやや扁平で直立し、50～70cmくらいになる。葉は茎上に互生し細長く先は尖《とが》る。やや白緑色をしている。夏秋の頃上部の葉腋から細長い円柱状の穂状花序をだす。花穂の出はじめた頃、刈り取って染材にする。

アルミ媒染でやや青味の黄色、錫媒染で黄色、銅媒染で金茶、鉄媒染で鶯色から海松色、鉄とアルカリの併用で焦茶を染める。

あけび　木通　…▶ 黄茶の染材　175ページ参照

やまうこぎ　山五加木　〃　175ページ参照

ともにアルミまたは錫媒染で黄色を染める。

ミロバラン　呵梨勒　…▶ 黄茶の染材　175ページ参照

アルミ媒染で黄色を染める。

すすき　芒　…▶ 緑系の染材　177ページ参照

かるかや　刈萱　〃　〃

とだしば　戸田芝　〃　〃

ともにアルミ媒染で黄色を染める。

えんじゅ

くらら

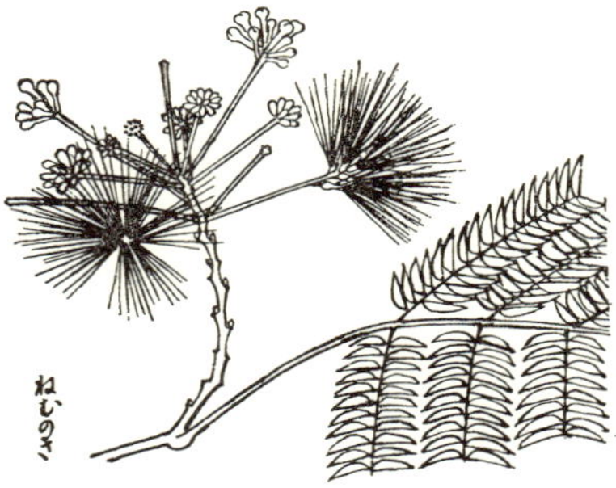

ねむのき

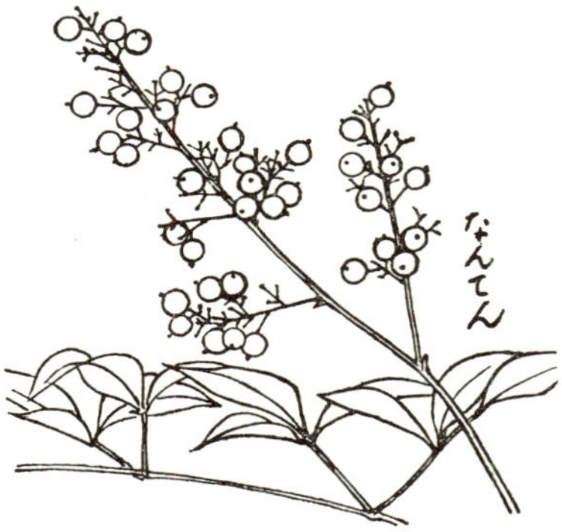

なんてん

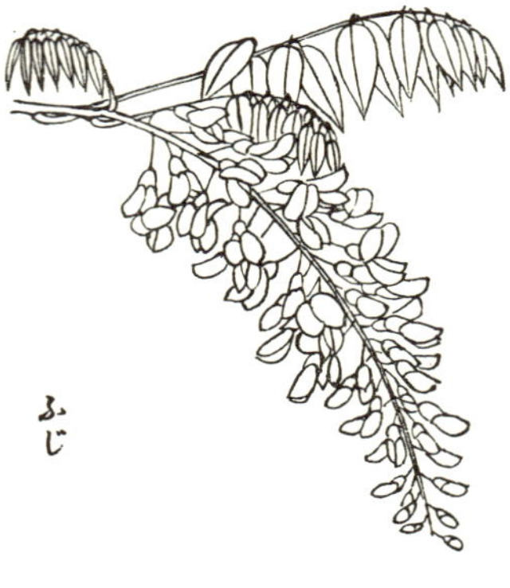

ふじ

ひいらぎなんてん

えんじゅ　槐　〔まめ科〕

Sophora japonica

中国原産で古くから日本に渡来し、現在では至る所の人家または街路樹などに植えられている落葉高木。夏、梢《こずえ》の先に淡黄白色の小さい蝶形花をつける。その花蕾また落花を染材にするが、薬用にもする。中国では古くから黄色を染めるのに重用されていた。生薬名槐花《かいが》。

アルミか錫の媒染で黄色、銅媒染で黄茶、鉄とアルカリの併用で鶯色から海松茶を染める。木綿にも染め着きがよい。

ねむのき　合歓木　〔まめ科〕

Albizzia Julibrissin

東北地方から南の林野に自生する落葉高木で葉は2回羽状複葉。夏、小枝の先に花柄を出し、桃色の花を付ける。緑葉を染材にする。

アルミまたは錫媒染で黄色、鉄媒染で海松茶色を染める。

ふじ　藤　〔まめ科〕

Wisteria floribunda

各地の山野に自生し、また観賞用として庭園に植えられる蔓性の落葉低木。その緑葉を染材にする。

アルミ媒染で黄色、錫媒染で赤味の黄色、銅媒染で黄茶から金茶を染め、鉄媒染では海松色を染める。

また木綿を染めて銅媒染で黄色を染める。

なぎなたがや　薙刀茅　…▶ 緑系の染材　177ページ参照

くず　葛　〃　〃

なんてんはぎ　南天萩　〃　〃

ともにアルミ媒染で黄色を染める。

よもぎ　艾　…▶ 緑系の染材　179ページ参照

かわらよもぎ　河原艾　〃　〃

せいたかあわだちそう　背高泡立草　…▶ 緑系の染材　179ページ参照

ともにアルミまたは錫媒染で黄色をそめる。

ひめむかしよもぎ　姫昔艾　…▶ 緑系の染材　179ページ参照

アルカリかアルミ媒染で黄色を染める。

くらら　苦参　〔まめ科〕

Sophora flavescens

各地の山野に普通に見られる多年草。茎は円柱形で緑色、直立して60〜90cmぐらいになる。葉は奇数羽状複葉で互生する。小葉は長楕円形、または長卵形、先端は尖る。初夏、茎の頂に総状花序を出し、多数の淡黄色の蝶形花を付け、花穂の長さは20〜25cmになる。駆虫剤として用いられたほか、根は生薬にした。花の咲きはじめた頃、刈り取って染材にする。

アルミ媒染でやや青味の黄色、錫媒染で黄色、銅媒染で黄茶、鉄媒染で海松色を染める。

なんてん　南天　〔めぎ科〕

Nandina domestica

日本中部より南部の暖地の山林中に自生するが、普通庭園に栽培する常緑低木。幹は叢生して直立する。秋から冬にかけて多数の球形の赤い実を付けるが、また薄黄色の実のものもある。茎の材を染材にするが、乾燥すると染まりが悪くなるので切ってすぐ使用する。

銅媒染で黄色、クロム媒染で茶色を染める。

ひいらぎなんてん　柊南天　〔めぎ科〕

Mahonia japonica

江戸時代に日本に伝えられたもので、古くから庭園に植えられている常緑低木。中国、台湾の原産である。

アルカリ、アルミ、錫の媒染でやや青味の黄色を染めるが、銅媒染では黄緑色が染まる。

葉の細い「ほそばひいらぎなんてん」(Mahonia Fortunei *Fedde*)を用いても同じである。

なやぶかんぞう　藪萱草　…▶ 緑系の染材　179ページ参照

アルカリ媒染で黄色を染める。

ずみ　桷　…▶ 赤茶の染材　185ページ参照

アルミ媒染で黄色を染める。

ざくろ　石榴　…▶ 茶色の染材　189ページ参照

アルミまたは錫媒染で黄色を染める。

えのき　榎　…▶ 茶色の染材　189ページ参照

アルミ媒染で黄色を染める。

せんだん

たまねぎ

ふくぎ

べにのき

かなむぐら

マリゴールド

せんだん(おうち)　梅檀(楝)　〔せんだん科〕

Melia azedarach var.subtripinnata

四国、九州の海辺や山地に自生するが、普通人家に植えてある落葉高木。葉は2～3回羽状複葉で小葉が多い。5～6月頃梢に複集散花序を付け、淡紫色の美しい小花を付ける。実は楕円形で平滑《へいかつ》、熟すと黄色くなり、落葉後も枝先に残る。古名はオオチで香木の梅檀とは関係はない。

アルカリまたは錫媒染で青味の黄色を染め、銅媒染では黄緑になり、鉄媒染では海松色を染める。

ふくぎ　福木　〔おとぎりそう科〕

Garcinia subelliptica

沖縄の久米島や宮古島など八重山群島より南の諸島に産する常緑高木。葉は大きく楕円形で、肉質は厚く光沢がある。沖縄では古くから黄色を染める染材として、また風除けのために家の周辺に植えられてきた。

樹皮を用いて染色する。剥いだ樹皮をすぐ使用すると伝承されているが、乾燥した樹皮を用いても変わらない。アルカリ媒染で赤味の黄色、錫媒染で黄色、銅媒染で黄緑、鉄媒染で海松色を染める。

かなむぐら　葎草　〔くわ科〕

Humulus japonicus

原野、荒地に多い蔓状の1年草、茎は緑色で長くのび、葉柄とともに小刺を多くもっている。葉は長い柄があり、対生で掌状、先端は尖り葉面はざらざらしている。雌雄異株、秋、多数の淡黄緑色の小花を穂状に付ける。地面を被うことが多い。古歌の八重葎《やえむぐら》はこの草だという。

アルミ媒染で黄色、銅媒染で黄茶、鉄で鶯色を染め、鉄とアルカリの併用で茶色を染める。

はこねうつぎ　箱根空木 …▸ 茶色の染材　191ページ参照

錫媒染で赤味の黄色を染める。

やまはんのき　山榛 …▸ 鼠色の染材　195ページ参照

しんじゅ　神樹 …▸ 〃　195ページ参照

あれちまつよいぐさ　荒地待宵草

…▸ 黒色の染材　201ページ参照

ともに錫媒染で黄色を染める。

われもこう　吾木香 …▸ 黒色の染材　201ページ参照

アルカリ媒染で黄色、アルミ媒染で青味の黄色を染める。

たまねぎ　玉葱　〔ゆり科〕

Allium Cepa

ペルシャ原産で明治初年に渡来し、栽培される。玉葱の茶褐色の外皮を染材にする。ヨーロッパでは古くより染色に用いられていた。

アルミ媒染で黄色、錫媒染で赤味の黄色、銅媒染で金茶、鉄媒染で昆布茶を染める。

べにのき(アンナット)　紅の木　〔べにのき科〕

Bixa orellana

アメリカ原産で、熱帯地方で栽培される低木。花はピンク色で実は紅色。実を染材にするが、着色料にも使用されている。

無媒染でもよいが、アルミ、錫、酸などで媒染した方がよい。赤黄色から橙色を染める。

木綿の場合は赤味の多い色になる。紅の木の由来だろうか。木綿にもよく染着する。

マリゴールド　万寿菊・孔雀草　〔きく科〕

Tagetes erecta

メキシコ原産の1年草で鑑賞のため、また土壌線虫の駆除のために栽培されるが、園芸品種が多く、花の色も黄色、橙色から赤い花まである。万寿菊は漢名。園芸上、矮性小輪種を孔雀草と区別する。

花を苞《ほう》ごと摘み取って熱煎する。錫媒染で花の色とほとんど同じ色に染まる。アルミ媒染で黄色、銅媒染で金茶、鉄媒染で海松色を染める。また茎葉を用いても染められる。

フスチック(ゲレップ)
黄木・富斯窒谷　〔くわ科〕

Chlorophora tinctoria

オールドフスチック（old fustic）ともいわれる。ブラジル、メキシコ及び西インド諸島に産する桑科の高木で、その樹皮、幹材を煎出してエキスにしたものをゲレップといっている。木綿にもよく染着し、楊梅と似た色相を染色する。明治初頃に輸入され染色に用いられていて、黄木とも呼ばれている。

アルミまたは錫の媒染で黄色、銅媒染で金茶、クロム媒染で鳶色、鉄媒染で海松色を染める。

黄茶の染材

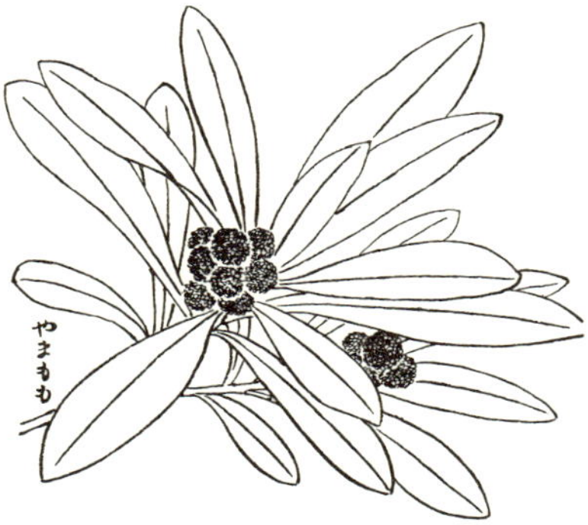
やまもも

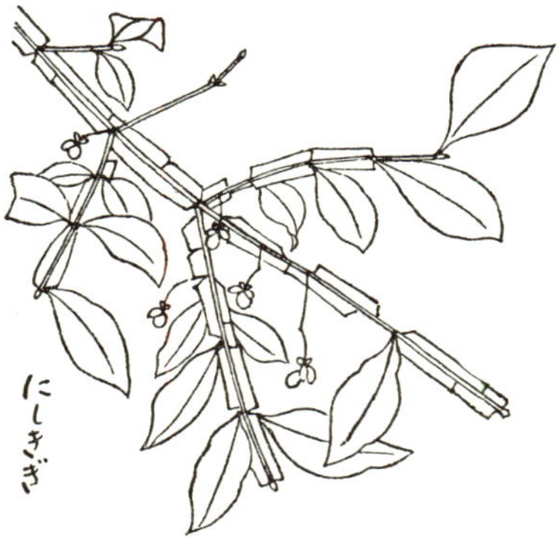
にしきぎ

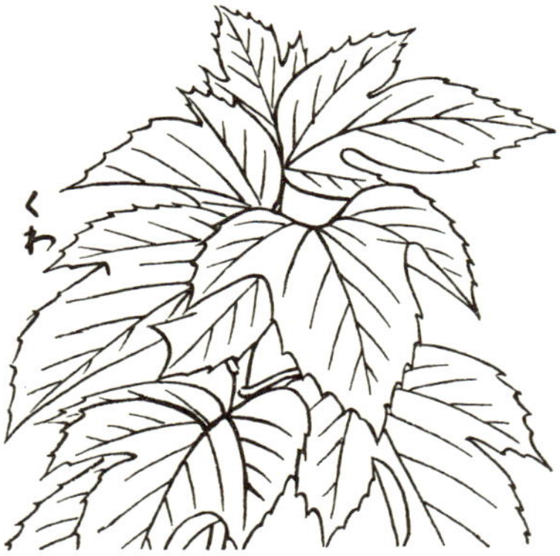
くわ

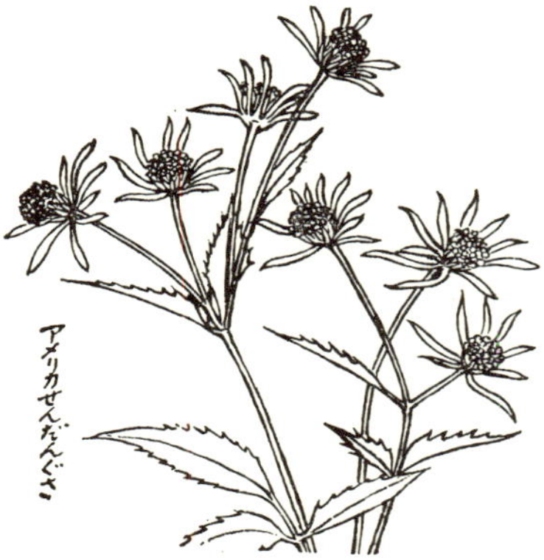
アメリカせんだんぐさ

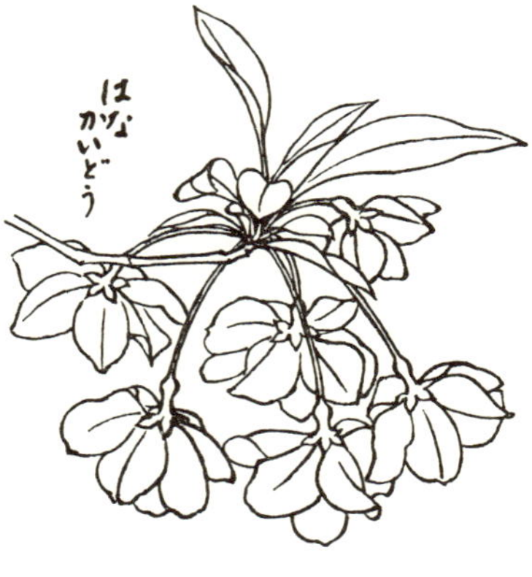
はなかいどう

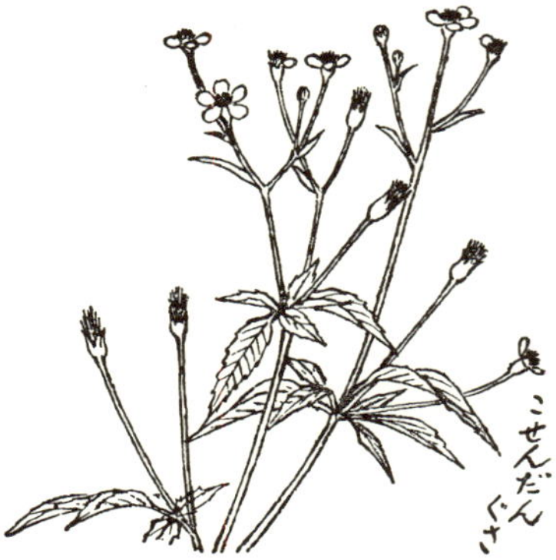
こせんだんぐさ

やまもも　楊梅　〔やまもも科〕

Myrica rubra

本州中部以南の温暖な地方の山地に多くはえる常緑高木であるが、神社や人家にも植えられている。夏、球形の核果《かくか》は熟すると暗紅紫色になり食べられる。この木の樹皮を染材にするが、薬用にも用いる。生薬名楊梅皮《ようばいひ》。

江戸時代に重用された染材で、他の染材と交染して茶系統のさまざまな色相を染め、また黒染にも用いられた。

アルカリ、アルミ、錫の媒染で黄色また黄茶を染め、銅媒染で金色から金茶、鉄と銅で鶯色から海松色、鉄とアルカリの併用で濃茶を染める。藍草で下染した上に染め重ねて兼法黒を染める。また、木綿の下染に重用する。

くわ　桑　〔くわ科〕

Morus bombycis

養蚕の飼料として畠や山地に植えられる落葉高木。古代より染色にも利用されている。幹材の利用であったが、根また葉でも染色に利用できる。

アルカリ媒染で黄味の薄茶、アルミまたは錫の媒染で黄茶を染め、鉄とアルカリの併用で茶色を染める。ただ緑葉を用いた場合は、アルミ媒染で黄色になる。

はなかいどう（かいどう）　花海棠　〔ばら科〕

Malus halliana

中国原産の落葉樹で庭園に植えられている。春、八重の赤い花を付ける。樹皮及び葉を染材にする。

アルカリ媒染で肌色、銅媒染で金茶、鉄媒染でオリーブ色を染める。

うわみずざくら　上溝桜　…▶ 赤色の染材　163ページ参照

ちゃんちん　香椿　〃　〃

ともに樹皮を用いて、アルカリ、アルミ、錫の媒染で赤味の明るい黄茶を染める。

かりやす　刈安　…▶ 黄色の染材　167ページ参照

こぶなぐさ　小鮒草　〃　〃

うしのしっぺい　牛の竹篦　〃　〃

えんじゅ　槐　…▶ 〃　169ページ参照

ふじ　藤　〃　〃

くらら　苦参　〃　〃

かなむぐら　葎草　…▶ 〃　171ページ参照

ともに銅媒染で黄茶から金茶を染める。

にしきぎ　錦木　〔にしきぎ科〕

Eunymus alatus

日本全土の山野にはえる落葉低木。枝に硬いコルク質の翼をもつ特殊な木。秋の紅葉が美しいので庭木に植える。

樹皮小枝を染材にする。アルミ媒染で明るい黄茶、銅媒染で渋味の金茶、鉄媒染ではオリーブ色を染める。

アメリカせんだんぐさ　梅檀草　〔きく科〕

Bidens frondosa

北アメリカ原産だが、帰化して各地の低湿地や道ばたに多い1年草。9～10月頃茎頂にカップケーキに似た黄色の頭花を付ける。花が咲きはじめた頃刈り取って染材にする。

錫媒染で赤味の黄色、銅媒染で金茶、鉄媒染でオリーブ色を染める。生の茎葉を用いた方がよい。せんだんぐさ（Bidens biternata *Merr. et Sherff*）でも同じである。

こせんだんぐさ　小梅檀草　〔きく科〕

Bidens pilosa

本州中西部以南、世界の暖、熱帯に広く分布する1年草。高さ1m内外、茎は直立して四角形、枝は対生して細長く、小枝も対生して花茎となる。頭花は細小で集散状に並び、花冠は黄色、舌状花冠は1列に並び少数。花の咲きはじめた頃刈り取って染材にする。

アルカリ媒染で赤黄色、錫媒染で黄色、銅媒染で唐茶、鉄媒染でオリーブ色、鉄とアルカリの併用で紫褐色を染める。しろばなせんだんぐさ（Bidens pilosa var. minor）を用いても同じである。

たまねぎ　玉葱　…▶ 黄色の染材　171ページ参照

マリゴールド　万寿菊　〃　〃

フスチック　黄木　〃　〃

ともに銅媒染で金茶を染める。

むくのき　椋　…▶ 赤茶の染材　185ページ参照

くるみ　胡桃　〃　〃

ともにアルミ媒染で黄茶を染める。

かわやなぎ　川柳　…▶ 赤茶の染材　187ページ参照

ざくろ　石榴　…▶ 茶色の染材　189ページ参照

とちのき　橡　〃　〃

うつぎ　空木　〃　〃

ともにアルカリ、錫、銅の媒染で黄茶を染める。

あけび

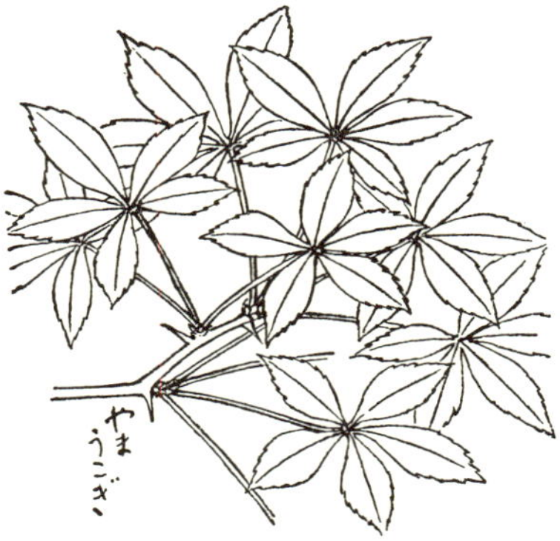
やまうこぎ

おおいぬたで

ちょうじ

からだいおう

ミロバラン

あけび　木通　〔あけび科〕

Akebia quinata

山野に多い蔓性の落葉低木。蔓は長く伸びて木にからまり、5枚の小葉を掌状に付ける。4月頃新葉とともに紫赤色の花を開き、大形の実を付け秋熟する。同種に「みつばあけび」(Akebia trifoliata)があるが葉は3枚である。ともに茎葉を染材にする。アルミまたは錫媒染で黄色、銅媒染で黄茶、鉄媒染でオリーブ色を染める。

おおいぬたで　大犬蓼　〔たで科〕

Polygonum lapathifolium

原野に多い1年草で大形である。夏秋の頃穂状の花穂を多数出して、紅紫色の小花を付ける。花穂の出はじめた頃、刈り取って染材にする。

錫媒染で明るい黄茶、クロム媒染で鶸茶を染める。

からだいおう　唐大黄　〔たで科〕

Rheum rhabarbarum

シベリア原産の植物であるが、江戸時代に中国から渡ってきたもので、時に栽植されている。多年生の大形の草で、根は肥大して黄色である。その根を染材にするが、薬用にもする。生薬名大黄《だいおう》。

アルカリかアルミで黄茶、錫媒染で赤味の黄茶、銅媒染で唐茶、鉄媒染で海松色、鉄とアルカリの併用で栗皮色を染める。

いたどり　虎杖　…▶ 茶色の染材　191ページ参照

錫媒染で明るい黄茶を染める。

くり　栗　…▶ 鼠色の染材　193ページ参照

樹皮、葉を用いてアルカリまたは銅媒染で芥子色。綿媒染で黄茶を染める。

はんのき　榛　…▶ 鼠色の染材　195ページ参照

やまはんのき　山榛　〃　〃

ともに銅またはクロム媒染で金茶を染める。

くましで　熊四手　…▶ 鼠色の染材　195ページ参照

アルカリ、アルミまたは銅の媒染で黄茶を染める。

しんじゅ　神樹　…▶ 鼠色の染材　195ページ参照

かつら　桂　〃　〃

げんのしょうこ　現の証拠

…▶　〃　197ページ参照

もちつつじ　餅躑躅　〃　〃

ともに銅媒染で黄茶を染める。

やまうこぎ　山五加木　〔うこぎ科〕

Acanthopanax spinosus

山野に自生する雌雄異株の落葉低木。人家に栽培され、時に野生化しているものに「うこぎ」(ひめうこぎ)があるが、これは昔中国から渡来し、薬用または食用として栽培され垣根に作られたものである。ともに嫩葉《どんよう》を食用にする。緑葉も染色に利用する。アルミまたは錫媒染で黄色、銅媒染で黄茶、鉄媒染で海松色を染める。

ちょうじ　丁子　〔ふともも科〕

Eugenia aromatica

原産はモルッカ諸島。広く熱帯地方で栽培されている小木。葉には芳香がある。蕾から丁子油を取る。また薬用にもするが染色にも用いた。

アルミ媒染で丁子色といわれる薄黄茶、アルカリ媒染で丁子茶という黄茶、アルカリと鉄の併用で濃丁子茶という茶色から、染め重ねると黒茶を染める。

ミロバラン　呵梨勒　〔しくんし科〕

Terminalia chebula

インド、ビルマに産する落葉高木。果実をミロバランと称して市販しているが、インドでは幼果または花を染色に用いている。僧衣の木蘭色《もくらんじき》はこれによった染色と思われる。綿糸染のタンニン下地用にも使用する。

アルカリ媒染で赤味の黄茶、アルミとアルカリの併用で黄茶、アルミ媒染で黄色を染める。

のいばら　野薔薇　…▶ 鼠色の染材　197ページ参照

錫媒染で黄味の白茶、銅媒染で黄茶を染める。

やしゃぶし　夜叉附子　…▶ 黒色の染材　199ページ参照

あかめがしわ　赤芽槲　〃　〃

ともにアルカリ媒染で黄茶を染める。

なんきんはぜ　南京櫨　…▶ 黒色の染材　199ページ参照

くまのみずき　熊野水木　〃　〃

みずき　水木　〃　〃

やまうるし　山漆　…▶　〃　201ページ参照

ともにアルカリ、アルミ、銅の媒染で黄茶を染める。

はぜのき　櫨　…▶ 黒色の染材　201ページ参照

あれちまつよいぐさ　荒地待宵草

…▶ 黒色の染材　201ページ参照

われもこう　吾木香　〃　〃

ともに銅媒染で黄茶を染める。

緑系の染材

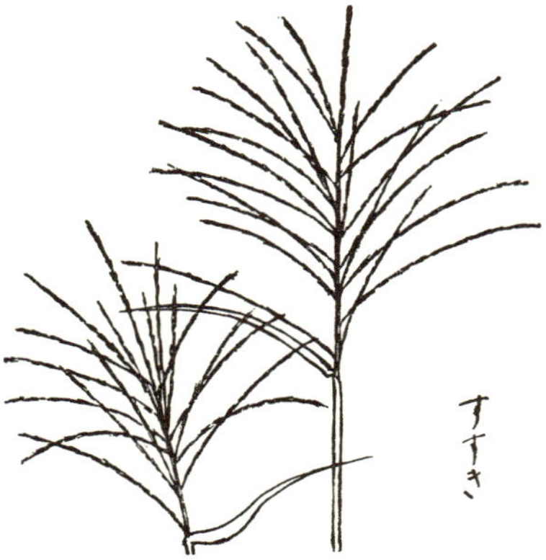
すすき

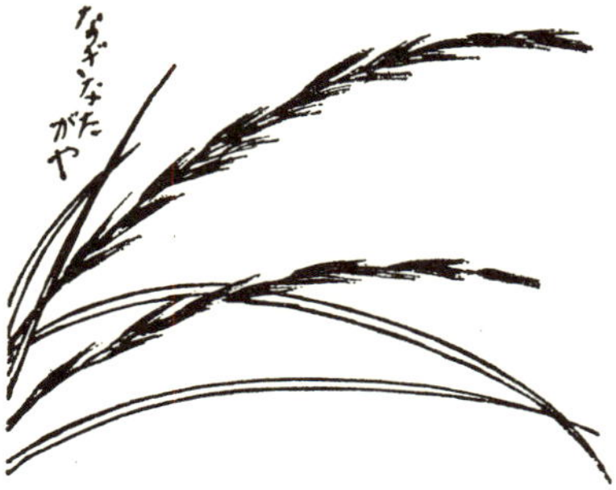
なぎなたがや

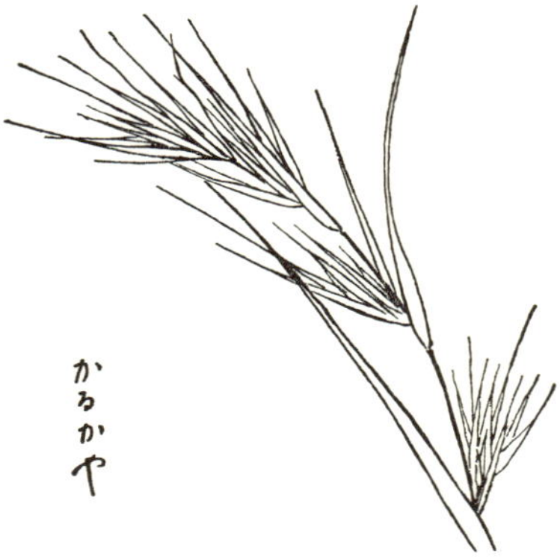
かるかや

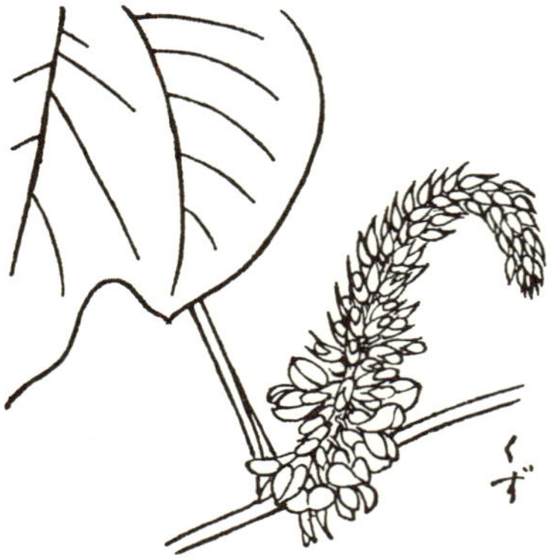
くず

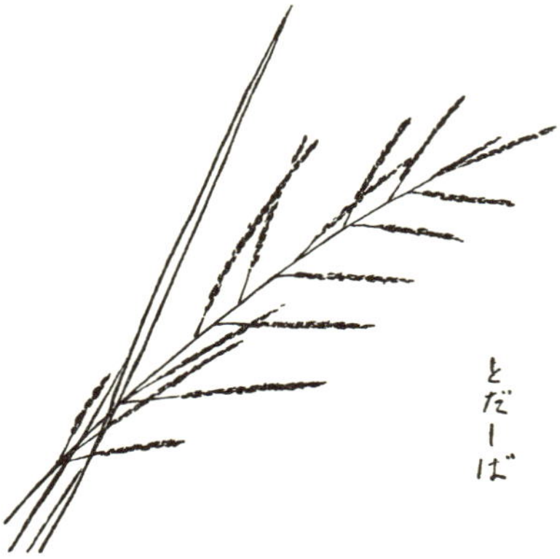
とだしば

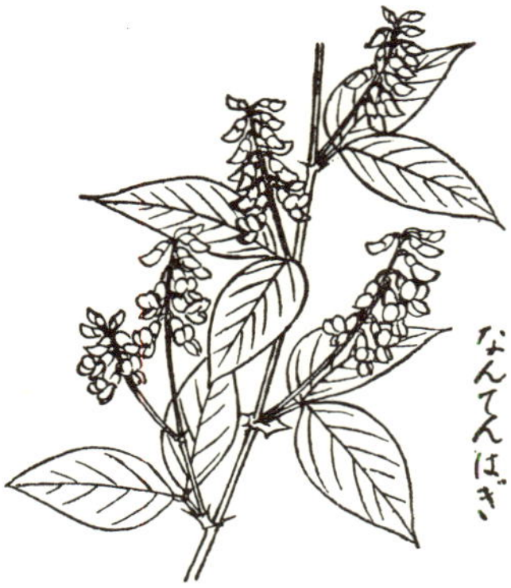
なんてんはぎ

すすき(かや)　芒(茅)　〔いね科〕

Miscanthus sinensis

山野のいたるところに多い大形の多年草で、叢生して往々大群をなして山面を被うことが多い。秋、茎の頂に大きい花穂を付ける。花穂の出はじめた頃刈り取って染材にする。江戸時代にも染色に利用されている。アルミ媒染で黄色、銅媒染で裏葉色、鉄媒染で緑味の鼠色を染める。

かるかや(めかるかや)　刈萱　〔いね科〕

Themeda japonica

山地あるいは原野に自生する多年草で、宿根から多くの茎を叢生する。葉は細い線形、秋、茎の上方の葉腋から細い柄を出し、穂状の花穂を付ける。同種に「おかるかや」があり、これも普通刈萱と呼ばれている。秋、茎葉を刈り取って染色に利用する。アルミ媒染で黄色、錫媒染で肌色、銅媒染で裏葉色、鉄媒染で鶯色を染める。

とだしば　戸田芝　〔いね科〕

Arundinella hirta

山野に自生する多年草で、地下茎を出して繁殖し叢生する。夏秋の頃、茎の頂に円錐花序を付ける。花穂の出はじめた頃刈り取って染色に利用する。アルミ媒染で青味の黄色、銅媒染で裏葉色、鉄媒染で鶯色を染める。

しそ　紫蘇　…▶ 紫色の染材　159ページ参照

アルミ媒染で青磁色、クロム媒染で渋味の緑を染める。

あい　藍草　…▶ 青色の染材　165ページ参照

りゅうきゅうあい　琉球藍　〃　〃

やまあい　山藍　…▶　〃　〃

ともに生葉を用いて銅媒染すると青磁色になる。

ひさかき　柃　…▶ 青色の染材　165ページ参照

実を用いて銅媒染で青磁色を染める。

きはだ　黄蘗　…▶ 黄色の染材　167ページ参照

樹皮の鉄媒染で鶸色を染め、緑葉の鉄媒染では海松色を染める。

かりやす　刈安　…▶ 黄色の染材　167ページ参照

こぶなぐさ　小鮒草　〃　〃

うしのしっぺい　牛の竹篦　〃　〃

ともに鉄媒染で鶯色から海松色を染める。

なぎなたがや　薙刀茅　〔いね科〕

Festuca myuros

欧州南部原産の1年草で、明治はじめに渡来し、各地で野生化している。主として海辺、川原などの砂地に群れをなして叢生する。夏、花穂を出すが一方に傾いてやや曲っている。花穂の出はじめた頃葉を刈り取って染色に利用する。

アルカリまたはアルミ媒染で黄色、銅媒染で裏葉色、鉄媒染で鶯色を染める。

同じように明治初年に牧草として欧州から渡来した「ながはぐさ」(Poapratensis *L.*)を用いても同じである。

くず　葛　〔まめ科〕

Pueraria lobata

山野に自生する大形で蔓状の多年草。秋の七草の一つ。秋、葉腋から総状花序を出し、赤紫色の蝶形花を付ける。

緑葉を染色に利用する。アルミ媒染で黄色、銅媒染で裏葉色を染める。

なんてんはぎ　南天萩　〔まめ科〕

Vicia unijuga

山麓や原野に普通にある多年草。一対の葉を付けることから、二葉萩ともいわれる。夏秋の頃葉腋から花軸を出して紅紫色の蝶形花を付ける。茎葉を刈り取って染色に利用する。アルミ媒染で黄色、銅媒染で裏葉色、鉄媒染で鶯色を染める。

えんじゅ　槐　…▶ 黄色の染材　169ページ参照

ねむのき　合歓木　〃　〃

ともに鉄とアルカリの併用で、鶯色から海松茶を染める。

ふじ　藤　…▶ 黄色の染材　169ページ参照

くらら　苦参　〃　〃

ともに鉄媒染で海松色を染める。

ひいらぎなんてん　柊南天

…▶ 黄色の染材　169ページ参照

銅媒染で黄緑色を染める。

せんだん　栴檀　…▶ 黄色の染材　171ページ参照

ふくぎ　福木　〃　〃

ともに銅媒染で黄緑色を染め、鉄媒染で海松色を染める。

かなむぐら　葎草　…▶ 黄色の染材　171ページ参照

鉄媒染で鶯色を染める。

きく

せいたかあわだちそう

よもぎ

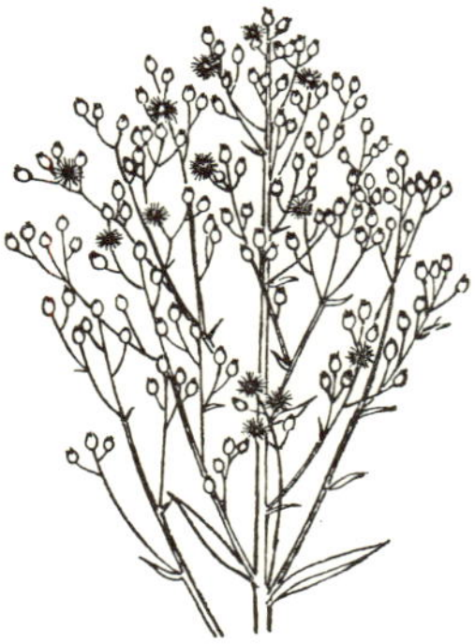

ひめむかしよもぎ

かわらよもぎ

やぶかんぞう

きく　菊　〔きく科〕

Chrysanthemum morifolium var. sinense

観賞用に広く栽培する多年草。多数の園芸品種がある。花後根元から刈り取って茎葉を染色に利用する。

アルカリまたアルミ媒染で裏葉色、銅媒染で芥子色、鉄媒染で海松色、鉄と銅の併用で青茶を染める。

よもぎ　艾　〔きく科〕

Artemisia princeps

本州、四国、九州の山野に最も普通にみられる多年草。朝鮮、小笠原にも産する。春に新芽を摘み草餅の材料とし、また葉からモグサを作る。初秋花の咲きはじめた頃、刈り取って染色に利用する。

アルカリ媒染で裏葉色、アルミまたは錫の媒染で黄色、鉄媒染で緑味の鼠色を染めるが、錫と鉄との併用で緑味の色が染められる。

かわらよもぎ　河原艾　〔きく科〕

Artemisia capillaris

本州から台湾、フィリピン、朝鮮、中国にかけての川岸や海岸の砂地に多い多年草。葉は艾《もぐさ》と違って細く、白毛があり「あさぎりそう」の葉に似ている。茎葉を染色に利用する。アルミまたは銅媒染で黄色、銅媒染で芥子色、鉄媒染でオリーブ色を染める。

同種の「おとこよもぎ」（Artemisia japonica）を用いても同じである。

マリゴールド　万寿菊　…► 黄色の染材　171ページ参照

フスチック　富斯窒谷　〃　〃

ともに鉄媒染で海松色を染める。

やまもも　楊梅　…► 黄茶の染材　173ページ参照

鉄と銅の併用で鶯色から海松色を染める。

はなかいどう　花海棠　…► 黄茶の染材　173ページ参照

にしきぎ　錦木　〃　〃

アメリカせんだんぐさ　栴檀草　〃　〃

こせんだんぐさ　小栴檀草　〃　〃

あけび　木通　…► 〃　175ページ参照

ともに鉄媒染でオリーブ色を染める。

せいたかあわだちそう　背高泡立草　〔きく科〕

Solidago altissima

北アメリカ原産の帰化植物で、あき地や荒地に生育し、河川や鉄道沿線など全国いたるところにはびこっている害草。10～11月に茎の先に大きな黄色の花穂を付けるが、花穂の出はじめた頃刈り取って染色に利用する。また開ききった花穂を用いる。7～8月頃花を付ける「おおたかあわだちそう」（Solidago serotina. *Ait.*）も同じ色相を染める。

アルミか錫媒染で黄色、銅媒染で芥子色、鉄媒染でオリーブ色を染める。

ひめむかしよもぎ　姫昔艾　〔きく科〕

Erigeron canadensis

北アメリカ原産の越年草。今や世界に広く帰化し、原野、路ばた、荒地などいたるところにはえている。夏秋の頃花穂の出る前に刈り取って染色に利用する。

アルカリかアルミ媒染で黄色、銅媒染で鶸茶、鉄媒染でオリーブ色を染める。

同種の「おおあれちのぎく」（Erigeron sumatrensis）を利用しても同じである。

やぶかんぞう　藪萱草　〔ゆり科〕

Hemerocallis fulva var. Kwanso

野原や堤などに多い多年草、葉は萱草に似ているが、全体に大形である。花は赤黄色の八重咲である。古名忘れ草。茎葉を染色に利用する。

アルカリ媒染で黄色、銅媒染で裏葉色、鉄媒染で緑味の鼠色を染める。

おおいぬたで　大犬蓼　…► 黄茶の染材　175ページ参照

クロム媒染で鶸茶《ひわちゃ》を染める。

からだいおう　唐大黄　…► 黄茶の染材　175ページ参照

やまうこぎ　山五加木　…► 〃　〃

ずみ　桷　…► 赤茶の染材　185ページ参照

うつぎ　空木　…► 茶色の染材　189ページ参照

ともに鉄媒染で海松色を染める。

えのき　榎　…► 茶色の染材　189ページ参照

銅媒染で裏葉色を染める。

肌色の染材

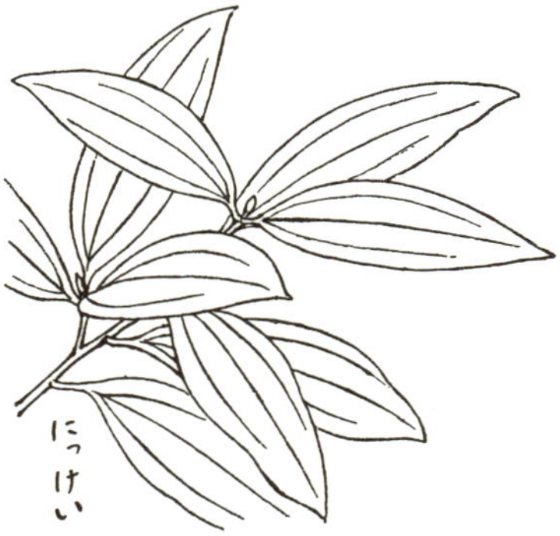

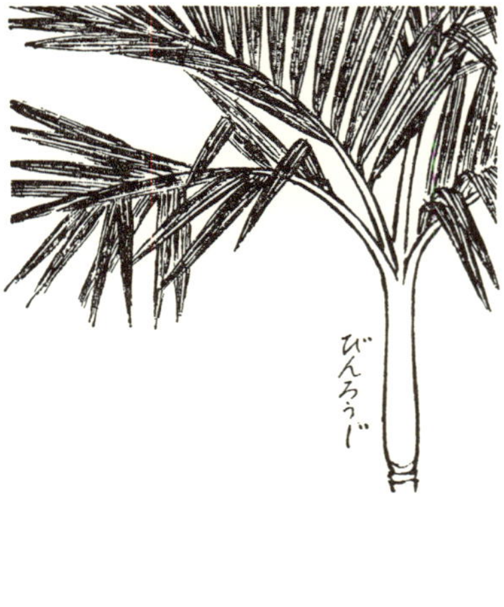

にっけい　肉桂　〔くすのき科〕

Cinnamomum loureirii

江戸時代に中国から輸入されて、国内に広まり、植えられるようになった常緑高木。葉に香気がある。原産はインドシナである。樹皮を香辛料また薬用にする。奈良時代にすでに薬用として使用されているが、染色にも利用されたものと推測される。王朝文学のなかに随所に記されている香色は肉桂による染色であったと思える。また菓子などにも使用されている。生薬名桂皮《けいひ》。その樹皮を染材にする。

無媒染かアルミ媒染で薄香、アルカリ媒染で香色、銅媒染で濃香といわれる赤味の薄茶を染める。鉄とアルカリの併用では黒味香という黒味の赤茶色を染める。

染色後も糸や布に肉桂の香りが残る。

げっけいじゅ　月桂樹　〔くすのき科〕

Laurus nobilis

明治38年に渡来し、今では各地に植えられている南ヨーロッパ原産の常緑高木。葉は互生し、長楕円形、平滑、革質で深緑色、香気がある。雌雄異株。春、葉腕に黄色の小花を密集して付ける。緑葉を染色に利用する。

アルカリ、またはアルミの媒染で香色、銅媒染で濃香、鉄媒染で黒味香を染める。錫媒染では黄色味の色になる。染糸に香りが残る。

くすのき　樟　〔くすのき科〕

Cinnamomum camphora

各地の暖地に多く自生する常緑高木で、ところどころに栽植されている。葉は互生し、卵形で先端は尖り、長い柄があり、革質で光沢がある。秋に丸い果は黒く熟する。緑葉また樹皮を染色に利用する。

アルカリまたは錫媒染で肌色を染め、鉄媒染で鼠色を染める。わずかだが香りが染糸に残る。

いちい　一位　…▸ 赤色の染材　161ページ参照
アルミ媒染で赤味の肌色を染める。

はなかいどう　花海棠　…▸ 黄茶の染材　173ページ参照
アルカリ媒染で肌色を染める。

あんず　杏　…▸ 赤茶の染材　183ページ参照
アルミ媒染で樺色を染める。

まてばしい（さつまじい）馬刀葉椎（薩摩椎）　〔ぶな科〕

Pasania edulis

九州南部に自生する常緑高木で各地の人家に植えられている。葉は厚くなめらかである。緑葉また樹皮を染色に利用する。堅果（どんぐり）は他のどんぐりと同じように染材になる。

アルカリ、アルミ、錫媒染で肌色を染め、銅媒染では渋味の赤茶を染める。また鉄媒染で桜鼠から黒鼠を染める。

しろやまぶき　白山吹　〔ばら科〕

Rhodotypos scandens

瀬戸内海側の中国地方にまれに野生するが、普通は庭園に栽植される落葉低木。鋭い鋸歯のある葉で深緑色。5月頃新枝の先に白い四弁の花を付ける。果実は一花に4個つき黒く光沢があり、落葉後も残る。緑葉を染色に利用する。

アルカリ媒染で肌色、銅媒染で薄茶、鉄媒染で銀鼠を染める。

びんろうじ　檳榔子　〔やし科〕

Areca catechu

マレーシア地方の原産の常緑高木。幹はまっすぐ伸び、葉は羽状複葉で頂に集って開く。その果実を染材にする。南北朝時代には染色に用いていたらしい。

アルカリかアルミまた錫媒染で肌色、銅媒染で薄茶を染めるが、主として藍草で下染した上に、石榴などの他の染材と混染して鉄媒染で檳榔子黒を染める。

とちのき　橡　…▸ 茶色の染材　189ページ参照
アルカリかアルミ媒染で肌色を染める。

はこねうつぎ　箱根空木　…▸ 茶色の染材　191ページ参照
アルカリ媒染で肌色を染める。

ぶなのき　橅　…▸ 鼠色の染材　195ページ参照
アルカリまたは錫媒染で肌色を染める。

やまはんのき　山榛　…▸ 鼠色の染材　195ページ参照

いたやかえで　板屋楓　…▸ 黒色の染材　201ページ参照
ともにアルカリ媒染で肌色を染める。

赤茶の染材

うめ

さとざくら

あんず

はまなし

やまざくら

かまつか

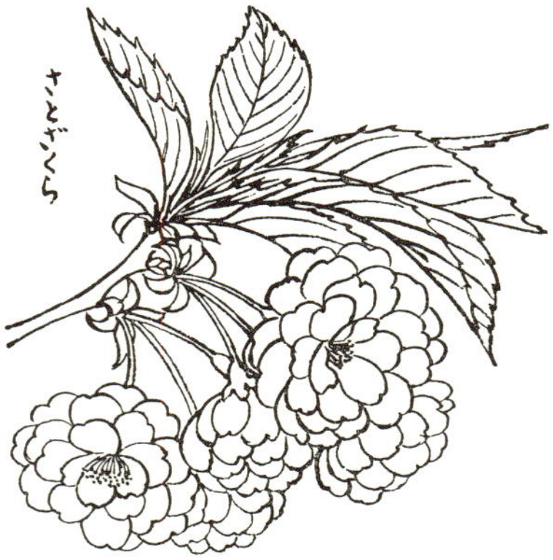

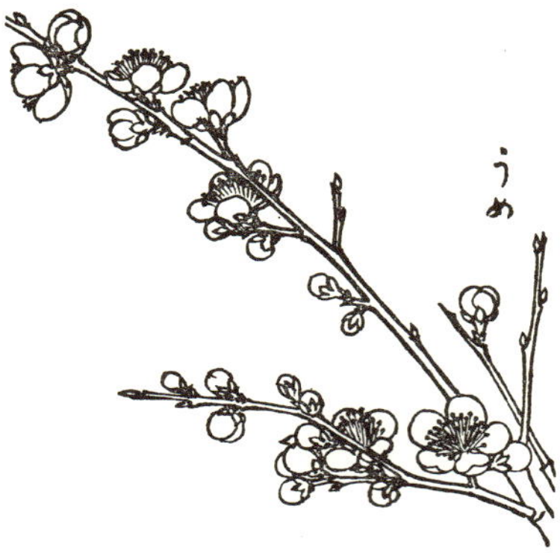

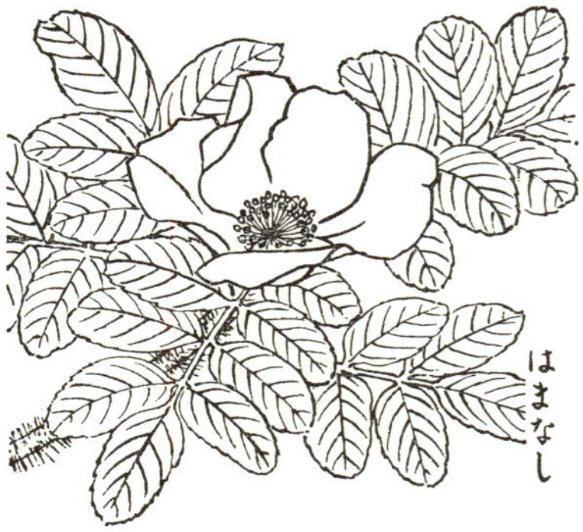

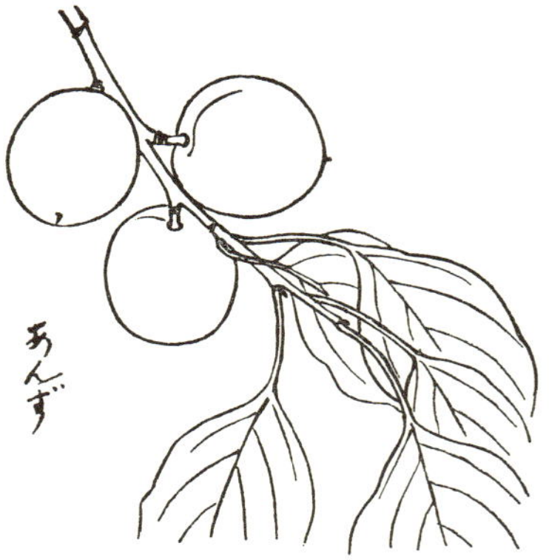

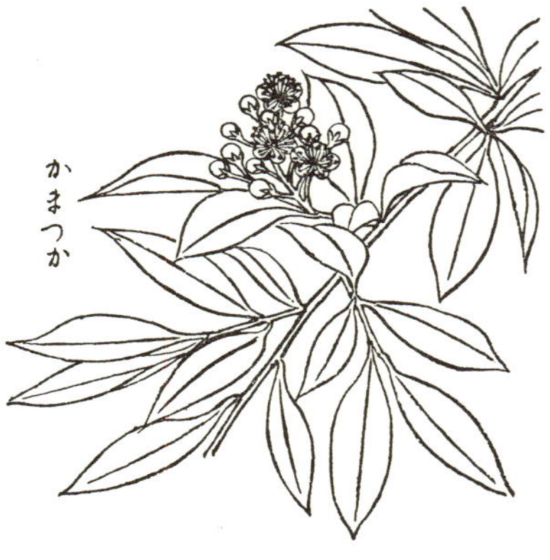

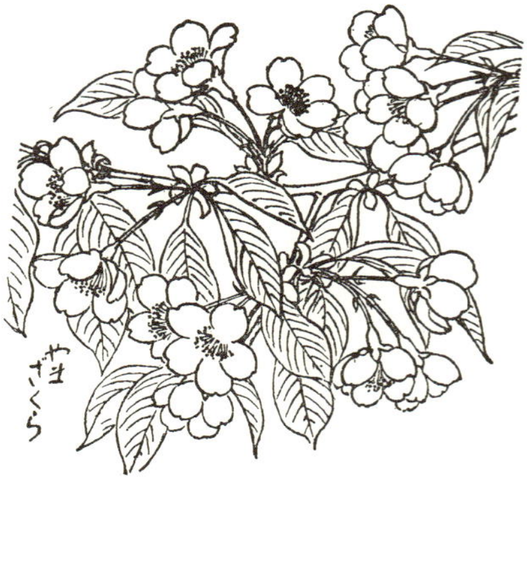

うめ　梅　〔ばら科〕

Prunus mume

中国原産の落葉高木。おそらく古代に日本に渡来したものであろう。観賞用花木として、また果実を食用にするため、各地で栽培されている。古来青梅をむき梅にして酸媒染に用いたほか、黒焼にした烏梅も作られた。

幹材を染材にする。心材の赤い部分のみを用いると、相当赤い色相が得られる。室町時代より染色に用いられていた。

アルカリ媒染で黄味の赤茶、アルミ媒染で肌色、鉄媒染で茶がかった鼠色、いわゆる梅鼠を染める。また銅媒染では茶色を染める。

あんず　杏　〔ばら科〕

Prunus armeniaca

おそらく中国の原産と考えられる落葉性の小形高木。広く果樹として栽植されている。春、葉よりも早く淡紅色五弁の花を開く。種子は杏仁と称し薬用にする。幹材を染材にする。

アルカリ媒染で黄味の赤茶、アルミ媒染で樺色、銅媒染で鳶色を染め、鉄媒染では茶味の鼠色を染める。

やまざくら　山桜　〔ばら科〕

Prunus jamasakura

本州中部以南の山地に自生し、時には栽植される落葉高木。緑葉また樹皮を染色に利用する。

アルカリ媒染で黄味の赤茶、アルミまたは錫媒染で樺色、銅媒染で赤茶、鉄媒染で黒茶を染める。

いちい　一位　…▸ 赤色の染材　161ページ参照
銅媒染で赤鳶色を染める。

こうき　紅木　…▸ 赤色の染材　163ページ参照
銅媒染で檜皮色を染める。

そよご　冬青　…▸ 赤色の染材　163ページ参照
銅媒染で小豆色を染める。

さとざくら　里桜　〔ばら科〕

Prunus lannensiana

観賞用に栽培される落葉高木。牡丹桜、八重桜とも呼ばれ、園芸品種は多い。夏の緑葉を染色に利用する。採集してすぐ用いた方が赤味の色に染まるが、乾燥すると赤味が消える。また紅葉を用いても赤味はなくなる。

アルカリ、アルミ、錫の媒染で赤茶、銅媒染で赤味の茶色、鉄媒染で赤味の鼠色を染める。樹皮また落花も利用できる。

はまなし　浜梨　〔ばら科〕

Rosa rugosa

千葉県及び鳥取県以北の海浜の砂地に自生する落葉低木。時に観賞用に庭園に植えられる。5〜6月頃紅色の大形の花を開く。花後球形の果実を作り赤熟する。長く伸びた根を染材にする。

アルカリかアルミの媒染で赤茶、銅媒染で鳶色、鉄媒染で紫褐色を染める。

かまつか　鎌柄　〔ばら科〕

Pourthiaea villosa

各地の山野に自生する落葉低木。また小高木。春、白い小花を密集して開く。果は赤熟する。別名うしころし。

江戸時代から染色に用いられ、緑葉及び樹皮を染色に利用する。山村にあって赤味の色を自給できる染材として重用されていた。

アルカリまたはクロム媒染で薄赤、アルミまたは錫媒染で薄赤茶、銅媒染で赤茶を染め、鉄では赤味の鼠色を染める。

うわみずざくら　上溝桜　…▸ 赤色の染材　163ページ参照
樹皮を用いて、クロムまたは銅媒染で黄味の赤茶を染める。

ちゃんちん　香椿　…▸ 赤色の染材　163ページ参照
幹材を用いて銅媒染で小豆色を染め、樹皮では鉄とアルカリの併用で檜皮色を染める。

ずみ

むくのき

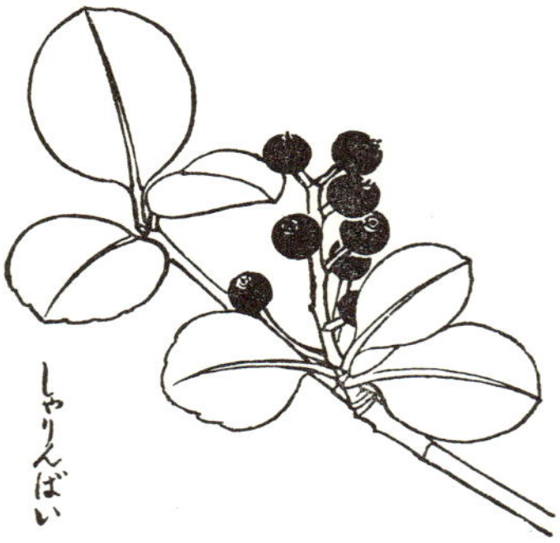
しゃりんばい

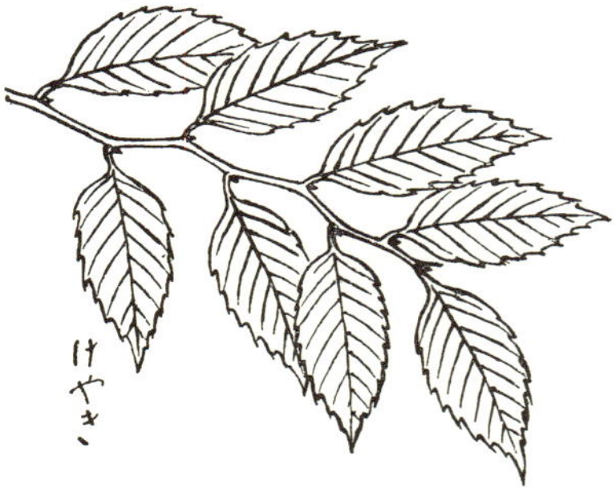
けやき

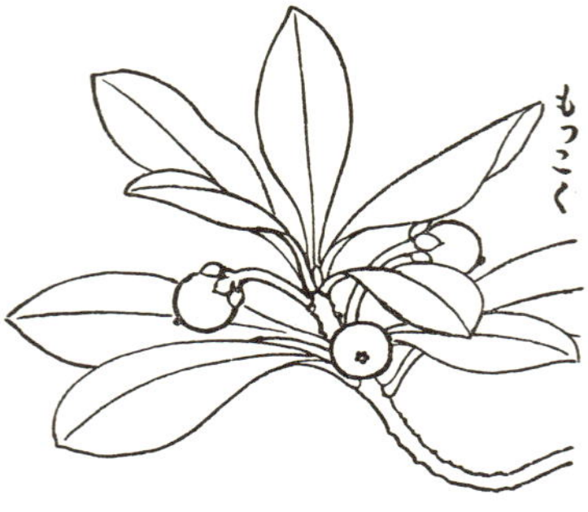
もっこく

くるみ

ずみ　棯　〔ばら科〕

Malus sieboldii

山地に多い落葉小高木。姫海棠、小林檎、小梨などといわれ、春薄紅の花を開いて実を結び、秋赤熟して食べられる。「ずみ」は「そみ（染み）」の意味でこの樹皮を染料に用いるためと牧野富太郎博士は記している。山間地の染色には欠かせない染材であった。

樹皮を染料にするが、葉も利用できる。アルカリ媒染で赤茶、アルミ媒染で黄色、銅媒染で鳶色を染め、鉄媒染では鶯色から海松茶を染める。

しゃりんばい　車輪梅　〔ばら科〕

Rhaphiolepis umbellata

本州中部以西の海岸に自生する常緑の小低木だが、多く庭園に栽植されている。葉は丸くて厚く堅い。浜木斛《はまもっこく》また丸葉車輪梅とも呼ばれる。樹皮、幹材を染色に利用する。木綿にも染着する。

染材を煎じる時に炭酸カリウムを極少量添加する方がよい。アルカリ媒染で赤茶、銅媒染で檜皮色、鉄媒染で鼠色、鉄とアルカリの併用で紫褐色を染める。

奄美大島や沖縄で泥染に使用しているテーチギは同種の立車輪梅で常緑の低木、時に高木になる。車輪梅よりも染まりはよい。

もっこく　木斛　〔つばき科〕

Ternstroemia gymnanthera

南関東から西の暖かい地方の山地に自生する常緑高木で、庭木として栽植されている。幹材及び樹皮を染材にする。

アルカリ媒染で赤茶、銅媒染で茶色、鉄媒染で紫鼠を染める。

にっけい　肉桂　…▶ 肌色の染材　181ページ参照

げっけいじゅ　月桂樹　〃　〃

ともに銅媒染で赤味の薄茶、鉄とアルカリの併用で黒味の赤茶を染める。

まてばしい　馬刀葉椎　…▶ 肌色の染材　181ページ参照

銅媒染で渋味の赤茶を染める。

むくのき　椋　〔にれ科〕

Aphananthe aspera

山地に自生するが、しばしば神社や人家、また道路わきにも植えられる落葉高木。葉の面はざらつき、物をみがくのに使われた。実は黒く熟して食べられる。葉また樹皮を染色に利用するが、夏の緑葉をすぐ用いた方が赤味の多い色になる。

アルカリ媒染で赤茶、アルミ媒染で黄茶、銅媒染で鳶色を染める。

けやき　欅　〔にれ科〕

Zelkova serrata

山地に自生し、人家の周囲に植えられる落葉高木。樹皮及び葉を染材にする。夏の緑葉を採集してすぐ用いた方が、赤味の色に染まる。

アルカリ媒染で黄味の赤茶を染め、銅媒染で檜皮色を染める。また鉄媒染で黒鼠を染める。

くるみ（おにぐるみ）
胡桃（鬼胡桃）　〔くるみ科〕

Juglans mandshurica

山野の流れに沿って多く自生する落葉高木で「さわぐるみ」「ひめぐるみ」など種類が多い。ヨーロッパから輸入した「かしぐるみ」は各地で栽植されている。実を食用にする。ヨーロッパでは古くから実の外皮及び根皮を染色に用いていた。日本でも奈良時代には胡桃の染色が行なわれていて、『延喜式』には胡桃染とあり、正倉院の染紙にも胡桃紙がある。

果皮、緑葉、樹皮を染材にするが、すべて生の青いうちに利用する。アルカリ媒染で赤茶、アルミ媒染で黄茶、銅媒染で茶色、鉄媒染で黒茶を染める。

がまずみ　莢蒾　…▶ 茶色の染材　191ページ参照

アルカリ媒染で赤茶を染める。

あせび　馬酔木　…▶ 茶色の染材　191ページ参照

アルカリ、アルミ、錫の媒染で赤茶を染める。

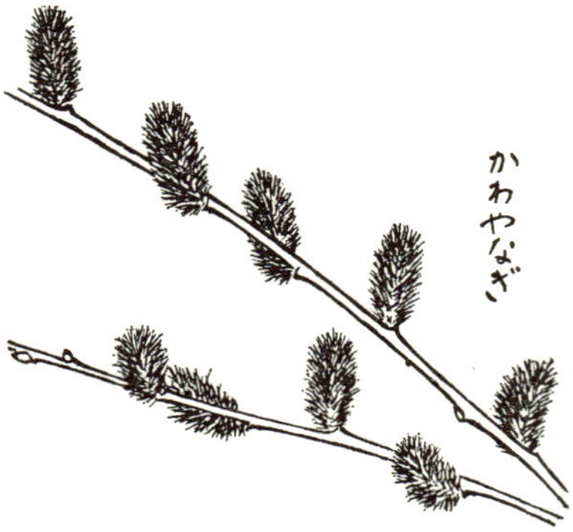

かわやなぎ

ガンビア

こりやなぎ

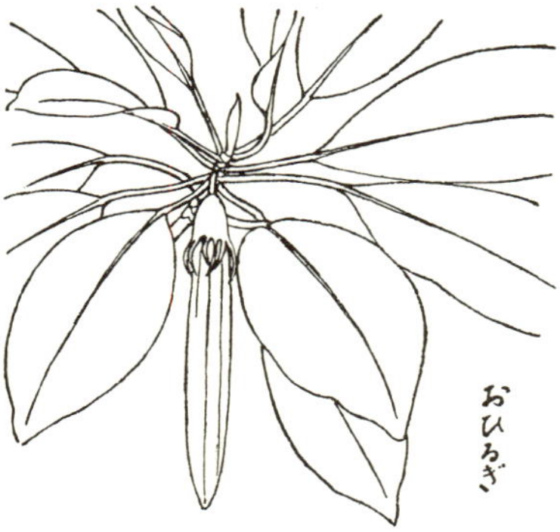

おひるぎ

アカシアカテチュー

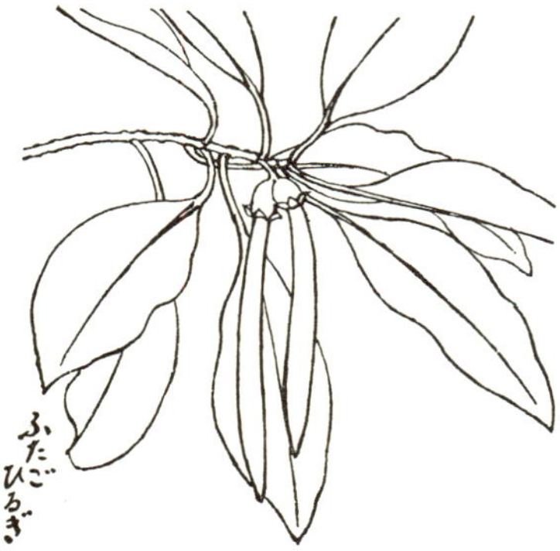

ふたごひるぎ

かわやなぎ　川柳　〔やなぎ科〕

Salix gracilistyla

山の渓流の近くや平野の河川のあたりに自生し、時に人家にも植えられている落葉低木。猫柳《ねこやなぎ》ともいう。柳の類は多くあるが、すべて染色に利用できる。樹皮また葉を染材にする。

アルカリ媒染で赤茶、銅媒染で金茶を染め、鉄媒染で銀鼠を染める。

こりやなぎ　行李柳　〔やなぎ科〕

Salix koriyanagi

普通水辺に栽培される落葉低木で、雌雄異株。この木で行李を作ることからこの名がある。夏、刈り取って茎葉を染材にする。

アルカリまた銅媒染で赤茶、クロム媒染で黄茶を染め、鉄媒染で銀鼠を染める。

アカシアカテキュー（ペグノキ）
ペグ阿仙薬　〔まめ科〕

Acacia catechu

原産インド。熱帯各地で栽培される小高木。花は薄黄。心材を煎じて煮つめて乾燥したもの、また粉末にしたものをペグ阿仙薬《あせんやく》と称し、染色及び薬用にされる。江戸時代より染色に用いられていた。

アルカリ媒染で赤茶、アルカリと銅の併用または銅とクロムの併用で檜皮色、蒲色を染める。アルミか錫の媒染では鳶色になり、鉄または鉄とアルカリの併用で焦茶を染める。木綿にもよく染着する。

くり　栗　…▸ 鼠色の染材　193ページ参照

幹材、果皮を用いて錫媒染で赤茶を染める。

はんのき　榛　…▸ 鼠色の染材　195ページ参照

幹材を用いてアルカリ媒染で赤茶を染める。

もみじ　楓　…▸ 鼠色の染材　197ページ参照

アルカリまたは銅媒染で赤茶を染める。

ガンビア　ガンビア阿仙薬　〔あかね科〕

Uncaria gambir

ガンビアカテキューともいわれ、原産地は不明だが、マレーシアで栽培されるやや蔓性の小木。葉の元に鉤状のものが付いているのが特徴とされる。若い枝葉を煎じて煮つめてエキスを製する。江戸時代より輸入されている。木綿にもよく染着する。

アルカリ媒染で赤茶、アルミまた錫媒染で鳶色、銅媒染で檜皮色、銅とクロムの併用で栗皮色、鉄媒染で黒茶を染める。

おひるぎ（たんがら）
雄蛭木・丹殻　〔ひるぎ科〕

Bruguiera gymnorrhiza

一名べにがくひるぎともいい、インド洋岸、南太平洋岸に自生する高木。マングローブの一種で萼は赤色、幼果また若葉は食用にする。樹皮よりエキスを製する。江戸時代に輸入されて染色に用いられている。

アルカリ媒染で赤茶、銅媒染で檜皮色、銅とクロムの併用で蒲色、鉄媒染で黒茶、鉄とアルカリの併用で紫褐色を染める。木綿にもよく染着する。

ふたごひるぎ（カッチ）
双子蛭木　〔ひるぎ科〕

Rhizophora candelaria

インド洋岸、南太平洋岸に自生する高木。マングローブの一種。若葉は赤く花は橙色をしている。樹皮の煎汁でカッチを製するが、葉も茶色染料にする。同種の「おおばひるぎ」（Rhizophora mucronata）も樹皮よりカッチを製する。マライ語では2種とのBakauと称している。

アルカリ媒染で赤茶、銅媒染で檜皮色、銅とクロムの併用で蒲色、鉄媒染で黒茶、鉄とアルカリの併用で焦茶を染める。木綿にもよく染着する。

茶色の染材

ちゃ　茶　〔つばき科〕

Thea sinensis

中国及び日本原産の常緑低木で、茶を製するために茶畑が作られている。室町以後に染色にも利用されたと思われるが、江戸時代の染色の諸本には煎じ茶を用いている。生葉、乾葉、煎茶、番茶また紅茶で染色する。生葉または乾葉の場合は、アルカリ性の水で煎出する。

アルカリ、アルミ媒染で薄茶、鉄媒染で鼠色を染める。紅茶の場合は、アルカリ、アルミ媒染で赤茶、銅媒染で茶色、鉄媒染で紫味の鼠が染まる。

ざくろ　石榴　〔ざくろ科〕

Punica granatum

小アジア原産で、庭園に栽培される落葉高木。6月頃、普通赤色の花を付ける。果実は球形で萼の裂片が付いている。果皮は厚く黄色だが表皮は赤熟する。果皮を薬用にし、染色にも利用するが、落花、葉、樹皮を用いてもほとんど同じ色相になる。アルミまたは錫媒染で黄色、アルカリ媒染で黄茶、銅またクロム媒染で金茶を染めるが主として鉄とアルカリの併用で焦茶を染める。

とちのき　橡・栃　〔とちのき科〕

Aesculus turbinata

全国の山地に自生する落葉高木。時に人家に植えられ、街路樹ともなっているが、マロニエは同属の別の木である。樹皮及び葉を染材にするが、葉の場合は生葉のうちでないと染まらない。アルカリかアルミ媒染で肌色、錫媒染で黄茶、銅媒染で茶色、鉄媒染で黒鼠を染める。

うわみずざくら　上溝桜
…▸ 赤色の染材　163ページ参照
樹皮を用いて鉄と石灰の併用で栗皮色を染める。

やまもも　楊梅　…▸ 黄茶の染材　173ページ参照
鉄とアルカリの併用で濃茶を染める。

くわ　桑　…▸ 黄茶の染材　173ページ参照
鉄とアルカリの併用で茶色を染める。

からだいおう　唐大黄　…▸ 黄茶の染材　175ページ参照
鉄とアルカリの併用で栗皮色を染める。

ちょうじ　丁子　…▸ 黄茶の染材　175ページ参照
鉄とアルカリの併用で茶色から黒茶を染める。

うめ　梅　…▸ 赤茶の染材　183ページ参照
銅媒染で茶色を染める。

はぎ　萩　〔まめ科〕

Lespedeza bicolor

各地の山地に広く自生する落葉低木。また庭園に栽植される。山地にはえるので山萩ともいう。秋、赤紫また白い花を付ける。『萬葉集』には萩摺の歌があるが、それは赤紫の花を用いての摺染であろう。

茎葉を染色に利用する。アルカリ媒染で明るい薄茶、銅媒染で茶色、鉄媒染で緑味の鼠色を染める。

うつぎ　空木　〔ゆきのした科〕

Deutzia crenata

北海道南部、本州、四国、九州の山地に普通にみられる落葉低木で、時に栽植されている。5～6月頃白い五弁の花を開く。卯の花とよんでいる。

緑葉を染色に利用する。アルカリまた銅媒染で赤味の黄茶、錫媒染で黄茶を染め、鉄媒染で海松色、鉄とアルカリの併用で昆布茶を染める。

えのき　榎　〔にれ科〕

Celtis sinensis var. japonica

山林中に自生するが、道路わきなどにも植えられる落葉高木。秋、球形の橙色の実を付ける。緑葉また樹皮を染色に利用する。

アルミ媒染で黄色、銅媒染で裏葉色、鉄媒染で昆布茶を染める。

くるみ　胡桃　…▸ 赤茶の染材　185ページ参照
銅媒染で茶色を染める。

アカシアカテキュー　阿仙薬
…▸ 赤茶の染材　187ページ参照
鉄または鉄とアルカリの併用で焦茶を染める。

ガンビア　ガンビア阿仙薬
…▸ 赤茶の染材　187ページ参照
銅とクロムの併用で栗皮色を染める。

ふたごひるぎ(カッチ)　双子蛭木
…▸ 赤茶の染材　187ページ参照

こなら　小楢　…▸ 鼠色の染材　193ページ参照
ともに鉄とアルカリの併用で焦茶を染める。

くり　栗　…▸ 鼠色の染材　193ページ参照
鉄とアルカリの併用で栗皮色、また煤竹色を染める。

はこね
うつぎ

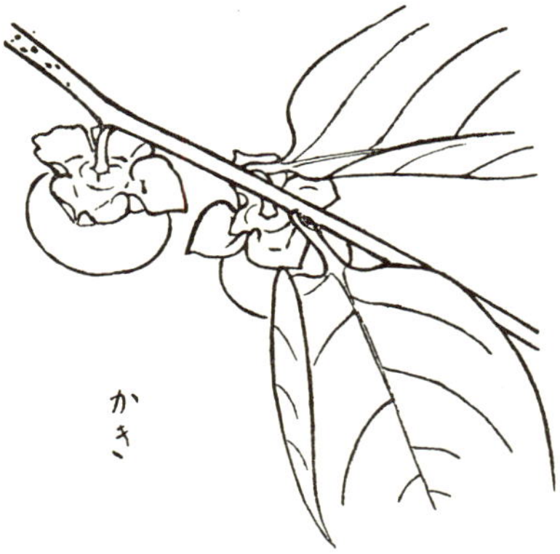
かき

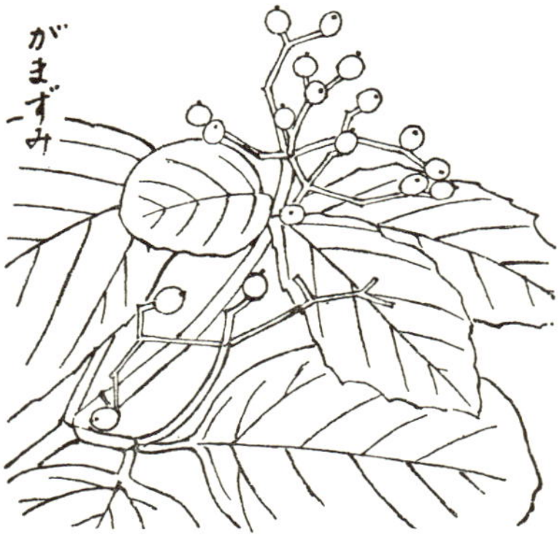
がまずみ

いたどり

あせび

ぎしぎし

はこねうつぎ　箱根空木　〔すいかずら科〕

Weigela coraeensis

北海道、本州、四国、九州の海岸附近にはえる落葉低木で、しばしば庭園に植えられ、高さ3～5cmぐらいになる。初夏に新枝の葉腋から出る総花柄上に多数の花を付ける。花色ははじめ白から桃色、紅紫色と変化する。

緑葉を染色に利用する。アルカリ媒染で肌色、錫媒染で赤味の黄色、銅媒染で茶色、鉄媒染で黒鼠を染める。

がまずみ　莢蒾　〔すいかずら科〕

Viburnum dilatatum

全国及び朝鮮、中国にも分布し、いたるところの丘陵地、山地にみられるが、時に人家にも植えられる落葉低木。秋、果実は熟して鮮紅色になり食べられる。

樹皮及び緑葉を染材にする。アルカリ媒染で赤茶、銅媒染で茶色、鉄媒染で黒鼠を染める。

あせび　馬酔木　〔つつじ科〕

Pieris japonica

本州、四国、九州の山地に自生する常緑低木で、葉は密に互生し、皮倒皮針形、革質で細かい鋸歯がある。早春枝先に複総状花序を下垂し、多数の白い壺状の小花を付ける。

葉及び枝を染色に利用するが、煎じる時に炭酸カリウムを極少量添加してアルカリ性の水にして煎じる。

アルカリ、アルミ、錫媒染で赤茶、銅媒染で茶色、鉄媒染で鼠色を染める。

しらかし　白樫　…▶ 鼠色の染材　193ページ参照

樹皮を用いてアルカリまたは銅媒染で茶色を染める。

あらかし　粗樫　…▶ 鼠色の染材　193ページ参照

アルミまたは錫媒染で黄味の明るい茶色、銅媒染で茶色を染める。また鉄とアルカリの併用で煤竹色を染める。

ぶなのき　橅　…▶ 鼠色の染材　195ページ参照

銅媒染で茶色を染める。

かつら　桂　…▶ 鼠色の染材　195ページ参照

げんのしょうこ　現の証拠　…▶　〃　197ページ参照

ともに鉄とアルカリの併用で焦茶を染める。

もちつつじ　餅躑躅　…▶ 鼠色の染材　197ページ参照

アルカリ媒染で茶色を染める。

かき　柿　〔かきのき科〕

Diospyros kaki

日本の南西部の山地に自生するが、広く果樹として栽培される落葉高木。

緑葉を染色に利用する。アルカリ、錫、銅の媒染で黄味の茶色を染め、鉄媒染では茶味の鼠色を染める。

いたどり　虎杖　〔たで科〕

Polygonum cuspidatum

山野どこにでも多く自生する大形の多年草。根茎は木質で黄色、皮は褐色で長く地中をはって伸び、各所に芽を出す。その根茎を染色に利用するが、茎葉も利用できる。根茎は薬用になる。生薬名虎杖《こじょう》。

アルカリか銅媒染で茶色、錫媒染で明るい黄茶、鉄媒染で緑味の鼠を染める。

ぎしぎし　羊蹄　〔たで科〕

Rumex japonicus

原野や路ばたの湿地、また水辺に多い大形の多年草。根は大きく地中に入り黄色をしている。その根を染色に用いるが薬用にもする。生薬名羊蹄《ようてい》。

生の根と乾燥した根では染色した色相は大分違う色になる。生根の方が染まりはよく、また緑草も利用できる。

アルカリまた銅媒染で黄味の茶色、錫媒染で赤味の茶色になり、鉄媒染では鼠色を染め、鉄とアルカリの併用で煤竹色になる。

はなずおう　花蘇枋　…▶ 鼠色の染材　197ページ参照

かしわ　槲　…▶ 黒色の染材　199ページ参照

ともにアルカリ、錫、銅の媒染で茶色を染める。

やしゃぶし　夜叉附子　…▶ 黒色の染材　199ページ参照

鉄とアルカリの併用で濃茶から黒茶色を染める。

くまのみずき　熊野水木　…▶ 黒色の染材　199ページ参照

いたやかえで　板屋楓　…▶　〃　201ページ参照

ともに銅媒染で茶色、鉄とアルカリの併用で焦茶を染める。

れんげつつじ　蓮華躑躅　…▶ 黒色の染材　201ページ参照

アルカリ媒染で茶色、銅媒染で渋味の茶色を染める。

つるばみ　橡　…▶ 黒色の染材　201ページ参照

アルカリまたは銅媒染で黄味の茶色を染める。

鼠色の染材

くぬぎ

しらかし

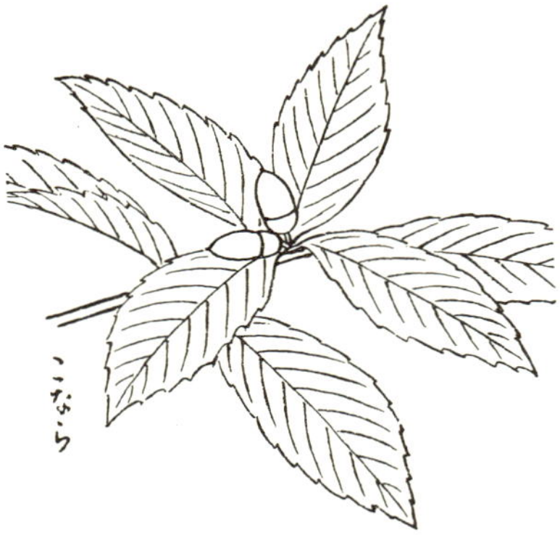

こなら

あらかし

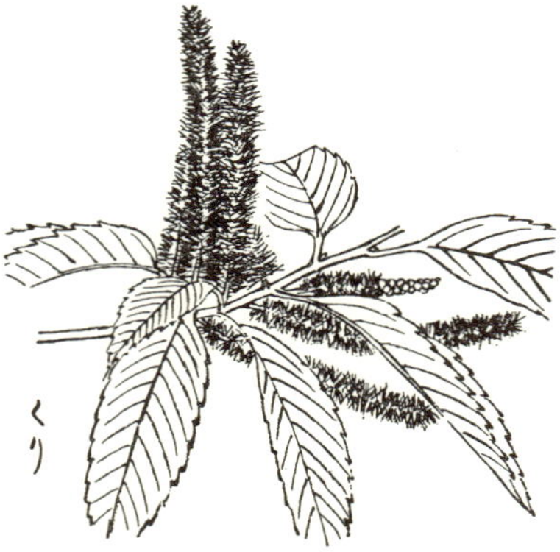

くり

いたじい

くぬぎ　櫟　〔ぶな科〕

Quercus acutissima

山林に多い落葉高木で、普通薪炭用として植林された。堅果《けんか》は大形でほぼ球形、俗にドングリと呼ぶ。殻斗《かくと》は大形で椀状、長い鱗片が密生している。「くぬぎ」は国木（くにぎ）が訛ったもの。古名はつるばみ。古代より染色に用いられ、橡《つるばみ》を染めている。樹皮、葉、堅果、殻斗を染材にするが、色相はあまり変わらない。ただ緑葉の場合はすべて黄味のある色になる。

アルカリ媒染で白茶からやや赤味の茶色。銅媒染で茶色、鉄媒染で鼠から黒茶を染める。比較的木綿にもよく染着する。

こなら（なら）　小楢　〔ぶな科〕

Quercus serrata

山野に多くみられる落葉高木で、薪炭用として植林されている。山地に自生しているものに「みずなら」があり、小楢よりすべて大形なので「おおなら」の名がある。またもっと大きい葉を付けるものに「ならがしわ」がある。すべて染色に利用できる。

樹皮、葉、堅果、殻斗を用いる。アルカリまたは銅媒染で茶色を染め、鉄媒染で鼠から黒鼠、鉄とアルカリの併用で焦茶を染める。

くり　栗　〔ぶな科〕

Castanea crenata

山林に自生し、また果樹として栽植される落葉高木。幹材、樹皮、葉、落花、毬《いが》、果皮すべて染色に利用できる。

幹材、果皮の場合は、アルミまたは銅媒染で茶色、錫媒染で赤茶、鉄媒染で鼠色から黒鼠を染める。また鉄とアルカリの併用で栗皮色を染める。

樹皮、葉、落花、毬の場合はアルカリまたは銅媒染で芥子色、錫媒染で黄茶、鉄媒染で鼠から黒鼠、鉄とアルカリの併用で栗皮色、また煤竹色を染める。

くさぎ　臭木　…► 青色の染材　165ページ参照

赤い萼を用いて鉄媒染すると銀鼠が染まる。

ひさかき　柃　…► 青色の染材　165ページ参照

実を用いて鉄媒染すると藍鼠が染まる。

くすのき　樟　…► 肌色の染材　181ページ参照

鉄媒染で鼠色を染める。

しらかし　白樫　〔ぶな科〕

Quercus myrsinaefolia

山野に自生するが、中部地方から関東にかけて人家のまわりに風除けとして植えられる常緑高木。平安時代には白樫《しらかし》でも黒橡《くろつるばみ》を染めていた。樹皮また葉及び堅果を用いる。

樹皮はアルカリまたは銅媒染で茶色、鉄媒染で黒鼠から黒色を染める。葉は濃く染まりにくいが、灰色や銀鼠のような薄色は美しい色相が得られる。鉄媒染で染める。

あらかし　粗樫　〔ぶな科〕

Quercus glauca

中部以南の山野に普通の常緑高木。白樫より葉が大きく、鋸歯が鋭い。

樹皮及び葉また堅果を染材にする。アルカリ媒染で赤味の茶色、アルミまたは錫媒染で黄味の明るい茶色、銅媒染で茶色を染めるが、鉄媒染で黒鼠から黒色を染め、鉄とアルカリの併用で煤竹色を染める。

いたじい（しい）　椎　〔ぶな科〕

Castanopsis cuspidata

中部以南の暖地にはえる常緑高木。多く庭木として植えられている。また公園などにも多い。種子は食べられる。昔から樹皮で黒色を染めるために使用してきたが、生のうちでないと染まりにくい。

生の樹皮は鉄媒染で黒鼠から黒色を染める。緑葉の鉄媒染は薄色ではあるが、紫味の美しい鼠色を染める。

まてばしい　馬刀葉椎　…► 肌色の染材　181ページ参照

鉄媒染で桜鼠から黒鼠を染める。

しろやまぶき　白山吹　…► 肌色の染材　181ページ参照

鉄媒染で銀鼠を染める。

うめ　梅　…► 赤茶の染材　183ページ参照

鉄媒染で茶がかった鼠色、いわゆる梅鼠を染める。

あんず　杏　…► 赤茶の染材　183ページ参照

鉄媒染で茶味の鼠を染める。

さとざくら　里桜　…► 赤茶の染材　183ページ参照

鉄媒染で赤味の鼠を染める。桜鼠といわれる色である。

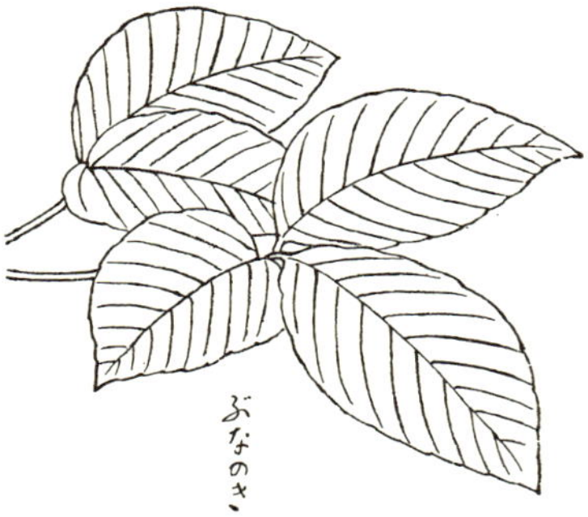
ぶなのき

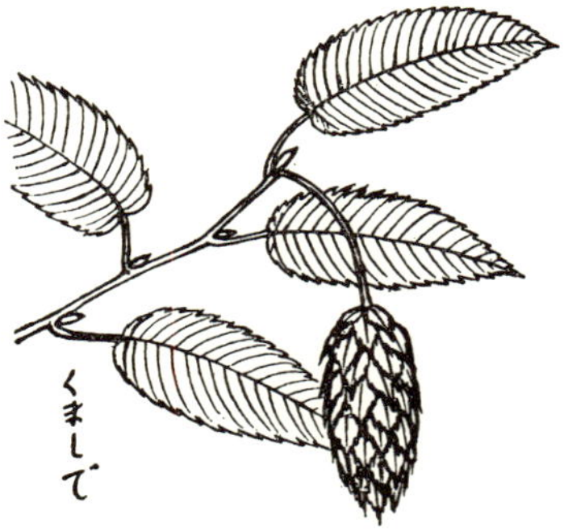
くましで

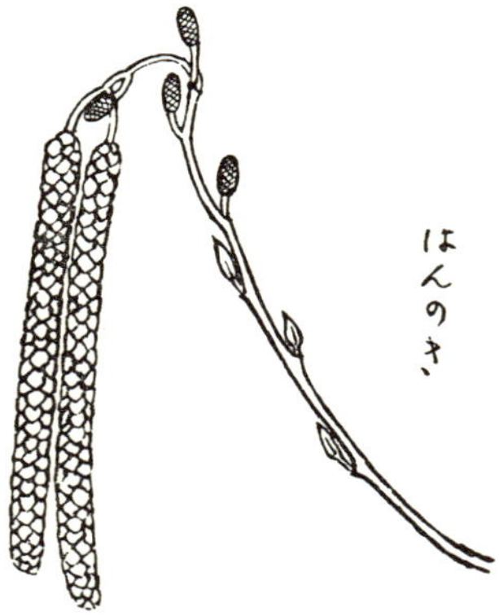
はんのき

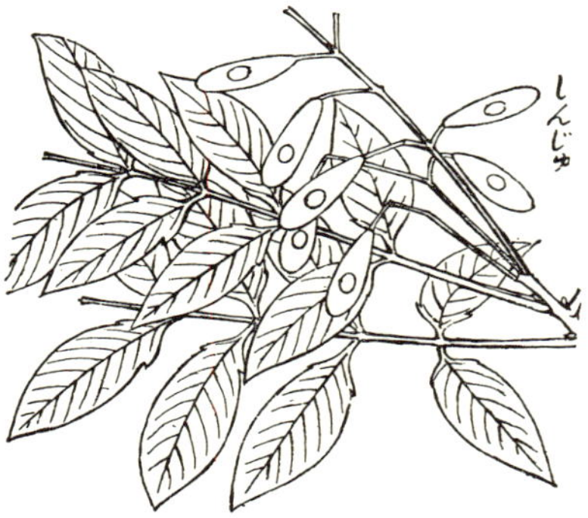
しんじゅ

やまはんのき

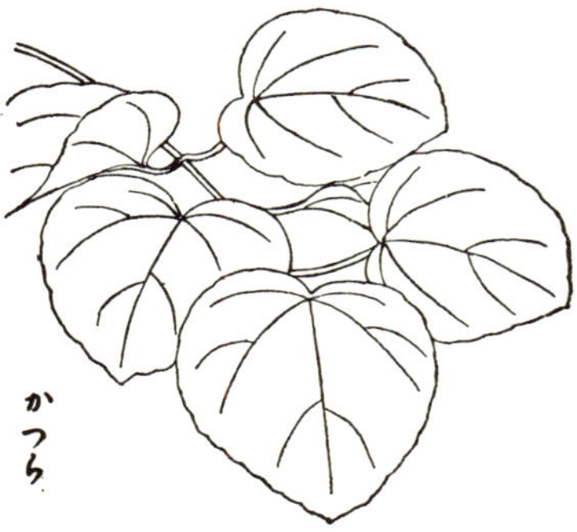
かつら

ぶなのき　橅　〔ぶな科〕
Fagus crenata

「ぶな」「しろぶな」などといわれ、山地に多く、北方では平地に自生する落葉高木。樹皮及び葉を染色に利用する。
アルカリまたは錫媒染で肌色、銅媒染で茶色、鉄媒染で鼠色から黒鼠を染める。
緑葉を用いた場合は全体に赤味の色になる。

はんのき　榛　〔かばのき科〕
Alnus japonica

林野の湿地に好んではえる落葉高木で、しばしば植林される。春早く葉が伸びる前に花を下げる。古名はりのき。古代より染色に用いられたものの一つ。また古代の摺染にも利用されている。
樹皮、果、葉、幹材を染材にする。樹皮、果、葉を用いると、アルミ媒染で黄茶、銅媒染で黒味の金茶、鉄媒染で緑味の鼠が染まる。
幹材の場合は、アルカリ媒染で赤茶、鉄媒染で紫味の鼠色が染まる。

やまはんのき　山榛　〔かばのき科〕
Alnus hirsuta

山地や平地に自生する落葉高木で、葉は広いくさび形、またやや心臓形で丸く、「まるばはんのき」の名もある。
果実、樹皮、葉を染色に利用する。アルカリ媒染で肌色、錫媒染で黄色、クロム媒染で金茶、鉄媒染で緑味の鼠、鉄とアルカリの併用で濃茶を染める。

かまつか　鎌柄　…▶ 赤茶の染材　183ページ参照
鉄媒染で赤味の鼠を染める。

しゃりんばい　車輪梅　…▶ 赤茶の染材　185ページ参照
鉄媒染で鼠色、鉄とアルカリの併用で紫褐色を染める。

もっこく　木斛　…▶ 赤茶の染材　185ページ参照
鉄媒染で紫鼠を染める。

けやき　欅　…▶ 赤茶の染材　185ページ参照
鉄媒染で黒鼠を染める。

くましで　熊四手　〔かばのき科〕
Carpinus carpinoides

山地に多い落葉高木。新枝には軟毛がある。5月頃新葉と同時に開花し、雄花の尾状花穂は小枝から垂れ下がり、雌花は葉状となった包鱗が密生した果穂となる。
葉及び樹皮を染材にする。アルカリ、アルミ媒染で黄茶、銅媒染で黒味の黄茶、鉄媒染で鼠色から黒鼠を染める。

しんじゅ　神樹　〔にがき科〕
Ailanthus altissima

中国原産で明治に渡来したが、今は各地に見られる落葉高木。漆に似た葉をしているので「にわうるし」の名もある。
緑葉を染色に利用する。錫媒染で黄色、銅媒染で黄茶、鉄媒染で鼠、また紫味の鼠を染める。濃く染め重ねれば紫黒色になる。

かつら　桂　〔かつら科〕
Cercidiphyllum japonicum

各地の山地にはえる落葉大高木で幹は真直にそびえ立つ、葉は対生で細長い柄があり、心臓形、雌雄異株。
樹皮及び緑葉を染色に利用する。錫または銅媒染で黄茶を染めるが、鉄媒染で紫鼠から紫褐色、鉄とアルカリの併用で焦茶を染める。

かわやなぎ　川柳　…▶ 赤茶の染材　187ページ参照

こりやなぎ　行李柳　〃　〃
ともに鉄媒染で銀鼠を染める。

ちゃ　茶　…▶ 茶色の染材　189ページ参照
鉄媒染で鼠色を染めるが、紅茶の場合は紫味の鼠に染まる。

げんのしょうこ

のいばら

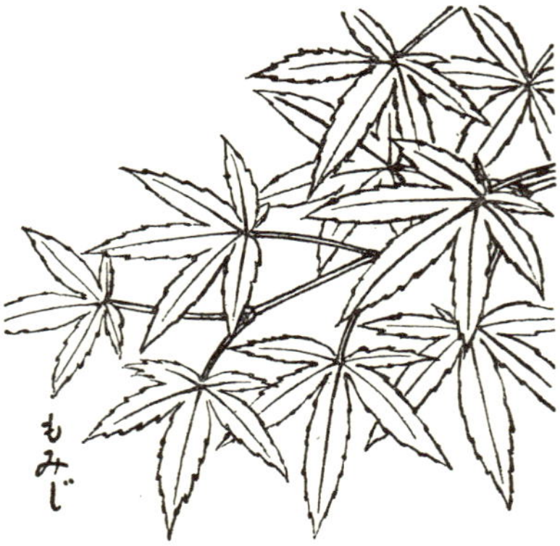
もみじ

はなずおう

もちつつじ

むらさきしきぶ

げんのしょうこ　現の証拠　〔ふうろそう科〕

Geranium thunbergii

野外に自生する多年草で時に栽植される。夏には白、淡紅、また紅紫色の梅花のような小さな五弁花を開く。胃腸薬として有名な草である。花が咲きはじめた頃採取して乾して置いた茎葉を染材にする。

アルカリまた銅媒染で黄茶を染めるが、鉄媒染で鼠から黒鼠、鉄とアルカリの併用で焦茶を染める。

もみじ　楓　〔かえで科〕

Acer palmatum

本州、四国、九州の山地に普通にみられるが、人家に栽植する落葉高木。対生する葉は円形掌状に５～７に深裂する。秋になると紅葉する。「たかおもみじ」「いろはかえで」ともいう。同種に「やまもみじ」があるが、そのほか「かえで科」の木はすべて染色に利用できる。

アルカリまたは銅媒染で赤茶、鉄媒染で鼠から黒鼠を染める。

もちつつじ　餅躑躅　〔つつじ科〕

Rhododendron macrosepalum

本州中部、西部の各地の低山、丘陵地に自生し、また庭園に植えられている常緑低木。春、新葉とともに淡紅紫色で柄のある花を頂に開く。これを原種にして作られた「りゅうきゅうつつじ」「むらさきりゅうきゅうつつじ」「おおむらさき」など園芸品種は多い。

それらの緑葉を染色に利用する。アルカリ媒染で茶色、銅媒染で黒味の黄茶、鉄媒染で鼠色から黒鼠を染める。

とちのき　橡　…▸ 茶色の染材　189ページ参照

鉄媒染で黒鼠を染める。

はぎ　萩　…▸ 茶色の染材　189ページ参照

鉄媒染でやや緑味の鼠を染める。

はこねうつぎ　箱根空木　…▸ 茶色の染材　191ページ参照

がまずみ　莢蒾　〃　〃

ともに鉄媒染で黒鼠を染める。

のいばら　野薔薇　〔ばら科〕

Rosa multiflora

原野、河岸などに自生する落葉の小低木、春、五弁の白花を開く。「てりはのいばら」（Rosa Wichuraiana）は葉に光沢があり、花が少し大きい。ともに茎葉を染材にする。また観賞用に栽培する薔薇も利用する。茎葉また落花を用いる。

錫媒染で黄味のある白茶、銅媒染で黄茶を染めるが、主として鉄媒染で銀鼠、鼠色を染める。

はなずおう　花蘇枋　〔まめ科〕

Cercis chinensis

中国原産で庭園に栽培される落葉低木。4月、葉よりも先に紅紫色の蝶形花を付ける。その花が蘇枋色をしていることから、花蘇枋の名が付いた。よく蘇枋と間違われる。

緑葉を染色に利用する。アルカリ、錫、銅の媒染で茶色を染めるが、主として鉄媒染で紫鼠を染める。

むらさきしきぶ　紫式部　〔くまつづら科〕

Callicarpa japonica

北海道南部、本州、四国、九州の低い山地や野原にはえる落葉低木。6～7月葉の付け根から集散花序をだし、多数の淡紫色の小さな花を付ける。果実は小さな球形で秋に紫色に熟す。

緑葉を染色に利用する。主として鉄媒染で青味の鼠色を染める。

あせび　馬酔木　…▸ 茶色の染材　191ページ参照

鉄媒染で鼠色を染める。

かき　柿　…▸ 茶色の染材　191ページ参照

鉄媒染で茶味の鼠を染める。

いたどり　虎杖　…▸ 茶色の染材　191ページ参照

鉄媒染で緑味の鼠を染める。

ぎしぎし　羊蹄　…▸ 茶色の染材　191ページ参照

鉄媒染で鼠色を染める。

黒色の染材

かしわ

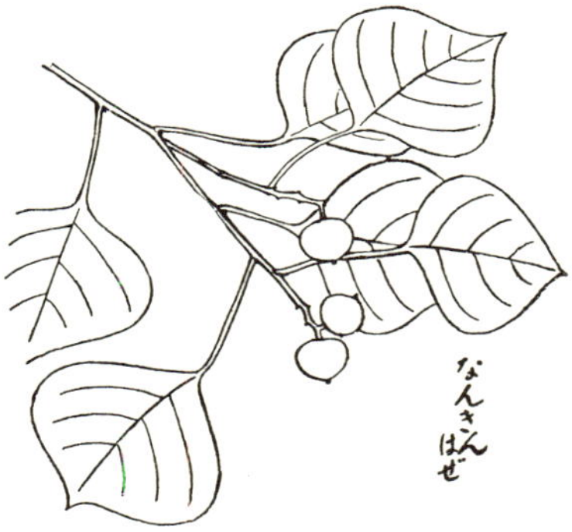

なんきんはぜ

やしゃぶし

くまのみずき

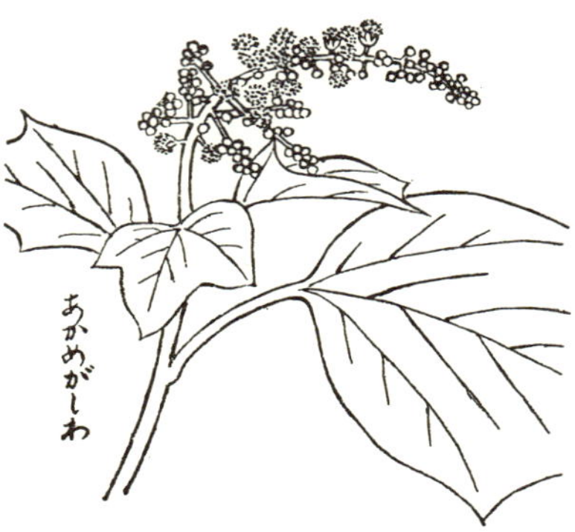

あかめがしわ

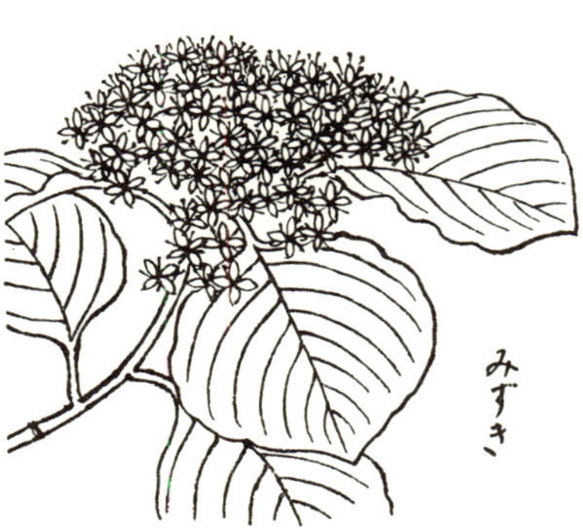

みずき

かしわ　槲　〔ぶな科〕

Quercus dentata

山野に自生する落葉高木で、人家にも栽植され、若葉を柏餅に使用する。古代から黒染に利用されていたものと思われるが、江戸時代には葉を用いて黒染している。

樹皮、緑葉を染材にする。鉄媒染で黒茶、何回も染め重ねて黒色を染める。またアルカリ、錫、銅の媒染で茶色を染める。

やしゃぶし　夜叉附子　〔かばのき科〕

Alnus firma

各地の山中にはえる落葉高木。「みねばり」ともいわれているが、山上にはえる榛の意味とされる。榛の木よりはるかに大きな実を付けるが、実にはタンニンが多いので古来黒染に使用されてきた。夜叉は夜の色であり、黒である。また夜叉五倍子ともいわれた。普通矢車附子の字も当てられている。

実を染材にするが、緑葉また樹皮を用いても同じである。アルカリ媒染で黄茶、アルカリと鉄の併用で濃茶から焦茶、鉄媒染で黒茶を染め、何回も染め重ねて黒色を染める。

あかめがしわ　赤芽槲　〔とうだいぐさ科〕

Mallotus japonicus

本州、四国、九州の山野に普通にみられる落葉高木。若葉が赤色の毛に被われているのでこの名が付いたものといわれている。雌雄異株。古名ひさぎ。『萬葉集』には久木と詠まれ、正倉院の染紙には比佐木紙がある。葉を染色に利用するが、乾燥して保存して置くこともできる。

鉄媒染で紫褐色を染めるが、主としては藍草で下染した上に染め重ねて純黒を染める。またアルカリ媒染で黄茶、錫媒染で黄色、鉄とアルカリの併用で焦茶を染める。

ロッグウッド　魯格烏特　…▶ 紫色の染材　159ページ参照

鉄媒染で青黒色、鉄とクロムの併用で黒色を染める。ただ単用でなく他の染材と併用した方がよい。

ごばいし　五倍子　…▶ 紫色の染材　159ページ参照

ぬるで　白膠木　…▶ 〃　〃

ちょうじたで　丁子蓼　…▶ 〃　〃

ともに鉄媒染で染め重ねて紫黒色を染める。

なんきんはぜ　南京櫨　〔とうだいぐさ科〕

Sapium sebiferum

台湾と中国原産の落葉高木。時に庭園などに栽培されるが、九州の一部では自生状態になっている。葉は細長い柄をもち、菱状の卵形、先端は急に尾状になっている。紅葉が美しい。

緑葉を染色に利用する。アルミまたは銅媒染で緑味の黄茶を染めるが、主として鉄媒染で黒茶を染め、染め重ねて黒を染める。

くまのみずき　熊野水木　〔みずき科〕

Cornus brachypoda

山地にはえる落葉高木。葉は水木よりせまい卵状楕円形で先端は尖る。夏、小枝の先に散房状花序を付け、多数の白色の小花を付ける。

緑葉また樹皮を染色に利用する。

主として鉄媒染で黒茶を染め、染め重ねて黒を染めるが、アルカリまた錫媒染で黄茶、銅媒染で茶色を染める。

みずき　水木　〔みずき科〕

Cornus controversa

山地に多い落葉高木で、幹は直立し、枝は輪状に横に広がり、小枝は冬期赤味をおびる。車水木の名もある。緑葉また樹皮を染色に利用する。アルミ媒染で黄茶、銅媒染で金茶を染めるが、鉄媒染で紫味の鼠を染め、染め重ねれば黒色を染める。「はなみずき」（Cornus florida）また「やまぼうし」（Cornus Kousa）の緑葉また樹皮を用いても同じである。

やまもも　楊梅　…▶ 黄茶の染材　173ページ参照

藍下の上に染め重ね、鉄媒染で兼法黒を染める。

びんろうじ　檳榔子　…▶ 肌色の染材　181ページ参照

藍下の上に他の染材と染め重ね、鉄媒染で檳榔子黒を染める。

やまざくら　山桜　…▶ 赤茶の染材　183ページ参照

くるみ　胡桃　…▶ 〃　185ページ参照

ともに鉄媒染で黒茶を染める。

いたやかえで

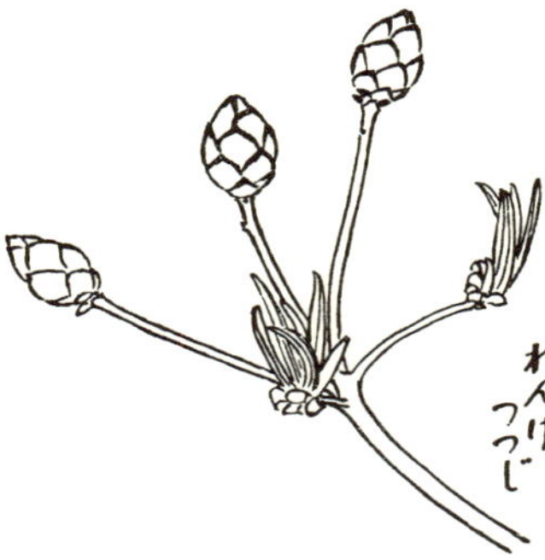

れんげつつじ

やまうるし

あれちまつよいぐさ

はぜのき

われもこう

いたやかえで　板屋楓　〔かえで科〕

Acer mono

各地の山地に自生する落葉高木。対生の葉は柄があり掌状に5〜7に中裂し浅裂する。「はうちわかえで」「つたもみじ」ともいう。葉及び樹皮を染材にする。昔から黒染に使用したと伝承されている。

アルカリかクロム媒染で肌色、アルミまた錫媒染では明るい黄茶、銅媒染で茶色を染めるが、主として鉄媒染で黒鼠から黒を染め、鉄とアルカリの併用で焦茶を染める。

やまうるし　山漆　〔うるし科〕

Rhus trichocarpa

全国の山林中に自生する落葉小高木。漆に似て小さく、若葉、葉柄ともに赤味がかっている。秋いち早く紅葉する。その紅葉を乾かして保存し、染色に利用する。

アルカリ、アルミ、銅の媒染で黄茶を染め、鉄媒染で紫味の黒茶を染めるが、主として藍草で下染した上に染め重ねて純黒を染める。

はぜのき　櫨　〔はぜのき科〕

Rhus succedanea

関東より西の暖地にはえる落葉高木。元来は蠟を採るために栽培したものが野生となっているが、現在も栽培している地域がある。雌雄異株。秋の紅葉が美しい。

紅葉を染色に利用する。鉄媒染で紫味の黒鼠を染め、染め重ねると黒色になる。また銅媒染で黄茶を染める。

心材を用いて、錫媒染で黄色を染める。

「やまはぜ」(Rhus silvestris)を利用しても同じである。

ガンビア　ガンビア阿仙薬

…▶ 赤茶の染材　187ページ参照

おひるぎ(たんがら)　雄蛭木　〃　〃

ふたごひるぎ(カッチ)　双子蛭木　〃　〃

ともに鉄媒染で黒茶を染める。

くぬぎ　櫟　…▶ 鼠色の染材　193ページ参照

鉄媒染で染め重ねて黒茶を染める。

いたじい　椎　…▶ 鼠色の染材　193ページ参照

生の樹皮を用いて鉄媒染で黒を染める。

れんげつつじ　蓮華躑躅　〔つつじ科〕

Rhododendron japonicum

北海道南部、本州、四国、九州に分布し、多く高原に自生するが、広く観賞用に栽培される落葉低木。春には橙色、朱紅色、また黄色の花を付ける。古くから山間の地ではこの葉を用いて黒染をしたと伝承されている。

葉を利用して染色する。アルカリ媒染で茶色、銅媒染で渋味の茶、鉄媒染で黒茶になり、染め重ねて黒色を染める。

あれちまつよいぐさ　荒地待宵草　〔あかばな科〕

Oenothera erythrosepala

ヨーロッパ原産の帰化植物。全国各地の川原、路ばた荒地などに群生し、非常な勢いで増えている。花の咲きはじめた頃の茎葉を利用する。

錫媒染で黄色、銅媒染で黄茶、鉄媒染で藤鼠から紫黒色を染め、染め重ねて黒を染める。

われもこう　吾木香・吾亦紅　〔ばら科〕

Sanguisorba officinalis

山野に多い多年草、秋、茎の頂が分枝し、枝の先に直立した穂状花序を作って、暗紅紫色の花弁のない花を付ける。根を薬用にする。

茎葉を染色に利用する。アルカリ媒染で黄色、アルミ媒染で青味の黄色、銅媒染で黄茶、鉄媒染で黒茶から黒色を染める。

つるばみ　橡

古代から茶色を染めた橡は、櫟の実とされているが、櫟の実だけとは限らず、ぶな科の同じような堅果はすべて利用されたものである。『延喜式』には搗橡《かちつるばみ》とあり、堅果を搗《つ》いて使用したものと思える。

櫟、小楢、水楢、槲、楢槲、白樫、粗樫、赤樫などの堅果また殻斗を、搗きくだいて染材にする。

アルカリまたは銅媒染でいくらか黄味の茶色を染め、鉄媒染で黒橡といわれた黒色を染める。

[アルカリ媒染剤]

灰汁《あく》

紫は灰指すものぞ海石榴市《つばいち》の八十の衢《ちまた》に逢へる児や誰

萬葉集　巻12

古代の最高位の服色であった紫を染めるための、紫草による染色に灰が用いられていたことを、この歌からも知ることができる。

灰は泥（鉄）とともに染色がはじまった原始の頃から使用されていた媒染剤である。

『延喜式』には椿灰、柃《ひさかき》灰、真木灰のことが記されている。これらの灰の中にはアルミ分が他の草木よりはるかに多量に含まれていることが分析の結果はっきり出ている。アルミ分が紫草や茜草の染色には欠かせない成分であったことを、長い経験の結果によって古代の人たちはすでに知っていたのである。

アルミ分を含む灰は紫草や茜草だけに限らず、蘇枋などアルミ分を必要とする他の染色にも当然使用されていたことと思われる。明礬を用いなかった時代では、これらの灰は重要なアルミ媒染剤でもあったわけである。

また紅花染に使用する灰は藜《あかざ》を用いることを秘法としていた。藜には金属塩が少なく、アルカリ分が純粋に近かったためと思われる。普通では藁灰を使用していたことが、江戸時代の多くの文献には記されている。

藁灰は絹糸の精練に用いられているが、麦殻灰や茅灰も利用している。灰汁練りが絹糸の繊維面を荒らさないことは実証されているが、草木染の場合、灰汁練りによって灰汁による先媒染と同じ結果になり、染まりつきがよくなる利点があった。これは藁灰のなかにも少量であるが、各種の金属塩が含まれていて、それらが染色を助けるわけである。

普通の灰汁媒染に使用する灰は、竈の灰などの木灰を利用していた。木灰はその樹の種類によってそれぞれ違った成分があると思われるが、各種の金属塩を少量ではあるが含んでいるので、それが単なるアルカリ媒染ではなかったことが知られる。

媒染用の灰汁を作るには、樽またはポリバケツの大きなものに、木灰を入れ熱湯を加えて攪拌し、一晩以上置いて沈殿した上澄液を使用する。その上澄液全部を使用したら、木灰を少し足して、熱湯を加えて攪拌して置く。こうして置くといつでも使用できるが、媒染用に使用する時は、指先でヌルヌルする程度を標準とし（PH10ぐらい）、濃ければ水で薄めて使用する。薄いようならば前もって木灰を補充して置く。

なお、下部にカランの付いたホーローの槽か酒樽を用いて昔のような灰汁桶にすればその方が便利だが、上記の方法でも充分である。

椿灰なども同じ方法でよいが、椿、柃、真木などで灰を作る場合、また庭木を剪定した枝葉で灰を作る場合は、切ってすぐ緑葉のうちに灰にする。また灰は炭でなく完全に灰になるまで燃した方がよい。

炭酸カリウム

K_2CO_3

もとは植物の灰からアルカリ分だけを取り出したのが炭酸カリウムであるので、植物の灰に一番近いアルカリである。ただ、純粋なので灰のように他の金属塩などは含まない。そのままでは媒染剤としては適さないので、他の媒染剤との併用で使用する。

紅花の紅色素を抽出するためには純粋である方がよいので、これを使用する。

また、染料の煎出に加えて色素の抽出を早めるために利用する。

生石灰（酸化カルシウム）

CaO

石灰石から製したものは、微量であるが鉄やマンガンなどを含んでいるので灰白色～帯黄色をしているが、そのことがかえって媒染剤としてはよいのかもしれない。ただ、水があたると発熱して発火することもあるので、置き場所に注意する。

媒染剤としての使用は絹糸を傷めるので、最少限に使用量は少なくして、石灰で媒染したものの水洗いは特に充分にする。しかし、木綿はアルカリに強いので木綿には重要な媒染剤である。

甕のような容器に生石灰を入れ、水を加えて攪拌して静置し、必ず上澄液だけを使用する。

消石灰（水酸化カルシウム）

$Ca(OH)_2$

生石灰より製した白い粉末で生石灰の場合と同じようにして、上澄液を媒染に利用する。

古くより染色に用いられた。特に藍建には欠かせないものであるが、壁材などとして売られているものは風化が進んでいて、効率が悪いので、なるべく新しいものを使用する。また日本薬局方の水酸化カルシウムを利用してもよい。

酒石英《しゅせきえい》（酒石酸水素カリウム）

$KC_4H_5O_6$

ヨーロッパの茜染などに、明礬に添加して使用されているもので、もとは葡萄酒の酒樽に付着した物質であるが、無色の結晶体で、水溶性である。

ヨーロッパでは羊毛染に用いていたが、絹染に利用してもよい結果がある。

白堊《はくあ》(炭酸カルシウム)

$CaCO_3$

ヨーロッパの染色で、他の媒染剤に添加したり、または染液中に添加しているが、もとは貝殻の蓄積されたものを粉末にして使用していた。白色の粉末である。

[鉄媒染剤]

泥(鉄水)

おそらく原始の染物のはじまりにおいて利用された鉄媒染である。鉄分を含んだ水や泥の利用であり、各地で使用された最も古い鉄媒染剤である。

現在でも奄美大島や沖縄などでは泥染に利用している。鉄分を含んだ泥の中に染糸を踏み込んで媒染したものであるが、現在は泥を水に溶かした上、上澄液で媒染することもある。

おはぐろ(鉄漿)

俗に「かね」とも「鉄」ともいわれるが、一種の酢酸鉄で、主成分は酢酸第一鉄である。古来黒染、鼠染、茶染に欠かせない媒染剤であった。古代の泥染からはじまった鉄媒染は、いつ頃からかこの「かね」の実用となったものである。平安時代に黒袍が染められるようになった時は、すでにこの「かね」が利用されていた。

「おはぐろ」は、五倍子と合わせて歯を黒く染めた「御歯黒」からついた名称である。

『染物重宝記』によると「常の酢一升、水一升五合まぜ、鉄の古金百目程入れ、二升になるまで能く煎じ、その儘一日一夜置、黒金取出して成る」とある。また古鉄に小麦、蕎麦など麺類の汁または黒砂糖、あるいは飴、酒などに浸して作る法もある。また茶や粥で作ることもあったらしい。

昔、山村の農家では、うどん、蕎麦などの茹で汁に古鉄を入れて作っていたが、鉄片は赤熱してから入れていた。この液は古くなるほどよいといわれている。

インドではJaggeryという粗糖液に鉄片を浸して醗酵熟成させていた。

この「おはぐろ」は、染色に一番適した鉄媒染剤であるし、またわりあい簡単に作ることもできるので、ぜひ自分で作って使用してほしい。

木酢酸鉄

おはぐろに一番近い酢酸鉄の一種で、黒い液体で臭気が強い。おはぐろと同じに使用する。引染にも適した鉄媒染剤である。

塩化第一鉄

$FeCl_2$

灰黄色の粉状で水溶性であるが、熱湯に入れて溶かして使用する。溶かしてから時間を置くと酸化して第二鉄になり、媒染の役目を果たさなくなるので、使用する直前に溶かすようにする。

糸染などの煮染する場合の鉄媒染に適している。引染には使用しない方がよい。

[酸媒染剤]

梅酢(むき梅、烏梅)

主として紅花染のアルカリで抽出した液を中和させ、さらに酸性液として染着させるために使用する。

青梅をむいて陰干しして保存したものをむき梅といっている。使用に先だって水または湯に浸して置き、その液を使用する。

また青梅の黒焼を烏梅といっている。月ヶ瀬の特産であった。それを水または湯に浸して、その液を利用する。

梅酢と各種の酸の比較を紅花で実験した結果、理由ははっきりしないが、梅酢が色素の結集力では一番よかった。

クエン酸

$C_6H_8O_7$

無色の結晶または粉末。梅酢に一番近い酸なので、紅花染など梅酢の代わりに使用する。

酸媒染にも使用するが、主として助剤的に用いる。

氷酢酸

CH_3COOH

無色の液体、強烈な臭気がある。染液を中和させるため、またコチニールなどの染液を熱煎する時などにも使用するが、紅花染や酸媒染にも使用する。

また酢酸系の媒染剤に加えることもする。

今まで草木染にはあまり利用されていなかったが、今後この利用はいろいろな面で多くなるものと思われる。

［アルミ媒染剤］

明礬（硫酸アルミニウムカリウム）

$AlK(SO_4)_2.12H_2O$

無色の結晶または白色の粉末で、水溶性であるが熱湯で溶いた方がよい。アルミ媒染剤の代表的なもので、奈良時代から使用されていたものと思われる。溶かしたまま置くと結晶するので、使用する直前に溶かすようにする。

明礬で媒染したものは水洗いを特に充分にする。それでも酸が残りやすいため、蘇枋など変色しやすいものには使用しない方がよい。

焼明礬（乾燥硫酸アルミニウムカリウム）

$AlK(SO_4)_2$

明礬から製した白色の塊りか粉末で、古くから媒染に使用されていたが、最近のものは質が落ちて、溶かすと白色の沈殿ができるもので、明礬の方を多く利用する。

水には溶けないので、熱湯で溶かすか、熱煎して利用する。

酢酸アルミニウム

$Al(CH_3COO)_3$

水溶性のものがあるので、それを用いる。ただ水に溶かした後あと、時間が経つと沈殿物ができるので、使用する直前に水に溶かすようにする。水溶性でないものは熱湯に入れて攪拌したあと静置し、透明な上澄液を使用する。

引染には一番よいアルミ媒染剤である。紫草染など加熱できないものにはこの使用がよい。また蘇枋染の場合もこれが一番よいように思われる。

［銅媒染剤］

硫酸銅

$CuSO_4.5H_2O$

青色の結晶または粉末。水に溶けやすいが、温湯を用いた方がよい。銅媒染したものは日光堅牢度は高いが、酸に対しては弱いようである。水洗いは特に充分にする。

劇物なので、取り扱いまたは保存には充分注意する。

酢酸銅

$Cu(CH_2COO)_2$

帯黄緑色の粉末。熱湯を用いて溶解する。引染の場合に適した銅媒染剤である。

［錫媒染剤］

塩化第一錫

$SnCl_2.2H_2O$

無色の結晶で水溶性なので、水で溶いた方がよい。また媒染には水を使用する。主として黄色染とコチニールの赤色、ロッグウッドの紫色などに用いるが、多量に使用すると絹の光沢を失うので最小限の使用がよい。時間を置くと沈殿するので、使用の直前に溶かすようにする。なお氷酢酸を加えるとある程度防ぐことができる。糸染などの浸し染で煮染する場合に適している。ただ綿糸を傷めやすいので注意する。媒染液は必ず充分に煮染または煮沸する。

劇物なので、取り扱いや保存には注意する。

［酸化剤］

過酸化水素水

H_2O_2

藍草などの生葉染の水色の染色の場合、酸化を早くした方が色相がよく、変色も防げるので、必ず使用した方がよい。その酸化剤として使用する。

索引

〔縞名〕

ア行

あいさんくずし　藍桟崩し、藍算崩　130
あいぼう　藍棒　26
あいべんけい　藍弁慶　118
あいまん　藍万　22
あいみじん　藍みじん　116
あおきかんとう　青木間道　70
あおじま　青縞　22
あおで　青手　80
あかさんくずし　赤桟崩、赤算崩　130
あじろ　網代　128
あじろおり　網代織　126
あじろじま　網代縞　13,108,126
あめがすり　雨絣　86
あめじま　雨縞　86

いちくずし　一崩　128
いちまつ　市松　118
いちまつごうし　市松格子　118
いちむらごうし　市村格子　19

うめとうざん　82

えどわくたたてじまきんらん　江戸和久田立縞金襴　76

おおごうし　大格子　106
おおじま　大縞　62
おおすじじま　大筋縞　92
おおだいみょう　大大明　30
おおぼうじま　大棒縞　26
おきなごうし　翁格子　112
おくしま　奥嶋　19,80,82
おぼろじま　朧縞　22
おやこじま　親子縞　46,52

カ行

かたこもちじま　片子持縞　46
かたたき(じま)　片滝(縞)　54,96
かたはじま　片羽縞　38

かたはだいみょう　片羽大名　30
かたはまんすじ　片羽万筋　22, 38
かたはもん　片羽文　116
かつおじま　鰹縞　68
かぴたんじま　カピタン縞　78
かまくらかんとう　鎌倉間道　72
かわごえとうざん　川越唐桟　82
かわりごうし　変り格子　124
かわりじま　変り縞、替り島　56, 58, 60, 62, 64
かわりせんすじ　変り千筋　24
かんとう　間道　18, 19, 70, 72, 74, 76

きくごろうごうし　菊五郎格子　19
きりかえじま　きりかえ縞　64
きんつう　巾通　34
きんつうじま　巾通縞、金通縞　34, 36
きんぴらじま　金平縞　26

くずし　128
くずしごうし　崩格子　128
くずしじま　崩縞　128

けまんすじ　毛万筋　22

こうしじま　格子縞　13, 18, 100, 104, 108, 110
こうらいごうし　高麗格子　100
こうらいやごうし　高麗屋格子　100
ごくけまんすじ　極毛万筋　22
ごくまん　極万　22
こごうし　小格子　13, 104, 106
ごばんごうし　碁盤格子　100
ごばんじま　碁盤縞　100
ごひゃくすじ　五百筋　24, 28
こべんけい　小弁慶　120
こぼうじま　小棒縞　28
ごぼうじま　牛蒡縞　28
ごまじま　胡麻縞　86
こもちごうし　子持格子　108
こもちじま　子持縞、子持島　46, 50, 52, 86, 90, 100
こもちすじ　子持筋　46
こもちだいみょう　子持大名　52
こもちべんけい　子持弁慶　124
こんぱるたてじまきんらん　金春立縞金襴　74
こんめくらじま　紺めくら縞　22

サ行

さんくずし　三崩、算崩、桟崩　128, 130
さんとめじま　サントメ嶋、桟留縞、算留縞　19, 80, 82, 130

しかんじま　芝翫縞　19
しくずし　四崩　128, 130
しちごさん　七五三　92
じゃがたらじま　ジャガタラ嶋　19
しょういんごうし　書院格子　102
しょうじごうし　障子格子　102
しろじま　白縞　96

すじいりべんけい　筋入弁慶　122
すじいりぼうじま　筋入棒縞　42

せーらーすじま　セーラース嶋　19
せんすじ　千筋　19, 22, 24, 28

タ行

だいだいみょう　大大明　30
だいみょうじま　大名縞、大明縞　30, 32, 34, 52, 58
だいみょうすじ　大名筋　30
たきじま　滝縞　54, 96
だきじま　抱き縞　40, 60
たすき　襷　19
たづなごうし　手綱格子　19
だんしちじま　団七縞　118

ちゃべんけい　茶弁慶　118
ちゃみじん　茶みじん　116

とうざんじま　唐桟縞　80, 82, 84, 128
どうじごうし　童子格子　100

ナ行

なつじま　夏縞　96
ななめごうし　斜格子　13, 18
ななめじま　斜縞　8, 19
なりひらごうし　業平格子　19

にくずし　二崩　128,130

ねずみじま　鼠縞　22

ハ行

はけめ　刷毛目　116
はんしろうごうし　半四郎格子　19

ひしつなぎ　菱繋　19

ふたごじま　双子縞　48,50,52,56
ふたごすじ　双子筋　48,50
ふたごもち　双子持、二子持　48
ふたごもちじま　双子持縞　48,50
ふたすじ　二筋　32,34
ふたすじごうし　二筋格子　106
ふたつだいみょう　二つ大名　34
ふとじま　太縞　32
ふとじまだいみょう　太縞大名　32

べにごうし　紅格子　106
べにとうざん　紅唐桟　84
べんがらじま　ベンガラ嶋、弁柄縞　19,78
べんけい　弁慶　118
べんけいごうし　弁慶格子　13,118,120,122,124
べんけいじま　弁慶縞　118

ぼうじま　棒縞　26,40,42,56
ぼうだき　棒抱き　40,58

マ行

まんすじ　万筋　19,22,24,38

みじん　116
みじんごうし　微塵格子　116
みじんじま　微塵縞　116
みすじごうし　三筋格子　110
みすじたて　三筋立　36
みそこしごうし（こうじ）　味噌漉格子（柑子）　104
みそこしじま　味噌漉縞　104
みますごうし　三枡格子　110

むつだいみょう　六つ大名　30
むらさきごうし　紫格子　18

めおとじま　夫婦縞　92
めくらじま　盲縞　22

もめんかんとう　木綿間道　116

ヤ行

やたらごうし　矢鱈格子　94
やたらじま　矢鱈縞　94
やたらよこじま　矢鱈横縞　94
やつだいみょう　八つ大名　30
やなぎがすり　柳絣　86

よこじま　横縞　90,96,100
よこたきじま　横滝縞　96
よこたてじま　横竪縞　100
よこだん　横段　90
よしのこうし　吉野格子　102
よすじ　四筋　130
よすじこうし　四筋格子　106
よせじま　寄せ縞　94
よつだいみょう　四つ大名　30
よろけじま　よろけ縞　8,19

ラ行

らんじま　乱縞　94

りきゅうかんとう　利休間道　116
りょうこもち　両子持　52
りょうこもちごうし　両子持格子　13,108
りょうこもちじま　両子持縞　46,48,58
りょうたき　両滝　54,96

ワ行

わりこみごうし　割込格子　112

〔色名〕

ア行

あいいろ　藍色　40, 58
あいねず　藍鼠　165, 193
あお　青、青色　9, 11, 12, 33, 97, 165
あおちゃ　青茶　179
あおむらさきいろ　青紫色　163
あか　赤、赤色　9, 10, 11, 12, 13, 18, 19, 34, 36, 37, 70, 80, 81, 82, 83, 84, 85, 126, 127, 130, 161, 163
あかあずき　赤小豆　25
あかき　赤黄　171, 173
あかくちば　赤朽葉　119
あかちゃ　赤茶、赤茶色　78, 118, 119, 163, 181, 183, 185, 187, 189, 191, 195, 197
あかとびいろ　赤鳶色　161, 183
あかむらさき　赤紫　159, 161
あけ　緋　27, 79
あさぎ　浅黄　12, 22, 24, 46, 54, 68, 69, 75, 79, 80, 82, 97, 104, 111, 118, 123, 131, 165
あさきあけ　浅緋　27
あさきくれない　浅紅　10
あさきすおう　浅蘇芳　37
あさきはなだ　浅縹　97
あさきみどり　浅緑　13
あさきむらさき　浅紫　56
あずきいろ　小豆色　24, 118, 163, 183
あらそめ　退紅　163

うぐいすいろ　鶯色　167, 169, 171, 173, 177, 179, 185
うすあお　薄青　74, 95
うすあか　薄赤　163, 183
うすあかちゃ　薄赤茶　183
うすき　薄黄　51
うすきちゃ　薄黄茶　175
うすくれない　薄紅　13
うすこう　薄香　181
うすちゃ　薄茶　57, 70, 79, 91, 111, 159, 173, 181, 185, 189
うすにび　薄鈍　37
うすねず　薄鼠　37, 39, 41, 55, 103, 113
うすむらさき　薄紫　73
うすもえぎ　薄萌木　65
うめねず　梅鼠　113, 183, 193
うらはいろ　裏葉色　51, 52, 61, 177, 179, 189
うらはやなぎ　裏葉柳　52

えどちゃ　江戸茶　52
えんじいろ　臙脂色　161

オリーブ　173, 175, 179

カ行

かきいろ　柿色　161
かちいろ　褐色　113
かちいろ　勝色　113
かついろ　渇色　12
かばいろ　樺色　40, 57, 79, 95, 181, 183
がまいろ　蒲色　187
からくれない　韓紅花　161
からしいろ　芥子色　75, 159, 175, 179, 193
からちゃ　唐茶　34, 59, 101, 173, 175
かわらけちゃ　土器茶　75, 105
かんぞういろ　萱草色　76

き　黄、黄色　10, 12, 13, 19, 24, 33, 48, 58, 59, 70, 73, 76, 83, 84, 85, 107, 109, 126, 167, 169, 171, 173, 175, 177, 179, 185, 189, 191, 195, 199, 201
きあかいろ　黄赤色　161, 163
きくちば　黄朽葉　101
きちゃ　黄茶、黄茶色　8, 34, 50, 101, 125, 163, 167, 169, 171, 173, 175, 185, 187, 189, 191, 193, 195, 197, 199, 201
きみどり　黄緑　9, 169, 171, 177
きんいろ　金色　167, 173
きんすすたけ　金煤竹　61
きんちゃ　金茶、金茶色　51, 61, 74, 75, 77, 81, 90, 167, 169, 171, 173, 175, 187, 189, 195, 199
ぎんねず　銀鼠　41, 77, 119, 165, 181, 187, 193, 195, 197

くりかわいろ　栗皮色　163, 175, 187, 189, 193
くれない　紅　13, 70, 77, 95, 106, 120, 138, 161
くろ　黒　34, 39, 81, 84, 92, 103, 129, 130, 159, 193, 199, 201
くろちゃ　黒茶　48, 95, 121, 125, 129, 159, 175, 183, 185, 187, 191, 193, 199, 201

くろつるばみ　黒橡　47,159,201
くろねずみ　黒鼠　125,181,185,189,191,193,195,197,201
くろみこう　黒味香　181
くろむらさき　黒紫　161
くわちゃ　桑茶　47

けんぽうぐろ　憲法黒、兼法黒　23,101,109,173,199

こいちゃ　濃茶　173,189,191,195,199
こう　香、香色　57,65,95,181
こうじいろ　柑子色　76
こきあか　濃赤　72
こきくれない　濃紅　13
こきこう　濃香　181
こきちょうじちゃ　濃丁子茶　175
こきにびいろ　濃き鈍色　125
こげちゃ　焦茶　65,71,79,93,107,126,144,167,187,189,191,193,195,197,199,201
こぶちゃ　昆布茶　171,189
こん　紺　19,22,24,36,38,46,54,58,68,69,75,80,83,86,100,104,111,113,116,117,118,123,131,165

サ行

さくらいろ　桜色　43,113
さくらねず　桜鼠　113,181,193
さびしゅ　錆朱　41,48,52,129,163

しかっしょく　紫褐色　47,173,183,185,187,195,199
しこくしょく　紫黒色　47,159,163,195,199,201
ししいろ　宍色　29
しせきしょく　紫赤色　161
じゅんこく　純黒　129,199,201
しらちゃ　白茶　10,13,29,59,70,74,77,112,129,135,175,193,197
しらつるばみ　白橡　59

すおう　蘇方、蘇芳、蘇枋　37
すおうじき　蘇芳色　37,59,63,70,136,161
すすたけ　煤竹　93,189,191,193
すねずみ　素鼠　55
すみぞめ　墨　125,129

せいこくしょく　青黒色　159,199
せいじいろ　青磁色　76,159,165,177

そい　纁　127

タ行

だいだいいろ　橙色　9,19,163,171
たまごいろ　玉子色　47
ちゃ　茶　10,13,19,24,46,58,59,71,82,93,118,125,130,146,159,169,171,173,175,183,185,189,191,193,195,197,199,201
ちょうじいろ　丁子色　175
ちょうじちゃ　丁子茶　175

つきそめ　桃染　43

とうせいちゃ　当世茶　52
ときいろ　鴇色　27
とびいろ　鳶色　49,75,109,171,183,185,187

ナ行

なのはないろ　菜花色　47,71,73,141

にせむらさき　似紫　50,161
にびいろ　鈍色　37,55

ねず　鼠、鼠色　22,39,55,63,91,113,121,125,130,159,163,179,181,183,185,189,191,193,195,197,199

のうあさぎ　濃浅黄　68,69,97

ハ行

はいいろ　灰色　37,95,113,121,193
はいざくら　灰桜　113
はだいろ　肌色　29,81,159,161,173,177,181,183,189,191,195,201
はとねず　鳩鼠　61
はとばねず　鳩羽鼠　61
はないろ　花色　97

はなだ　花田　97
はなだ　縹　9, 10, 13, 19, 58, 68, 69, 70, 71, 77, 97, 142
はなはいろ　花葉色　73

ひいろ　緋色　28, 79, 161, 163
ひわいろ　鶸色　167, 177
ひわだいろ　檜皮色　31, 65, 77, 111, 163, 183, 185, 187
ひわちゃ　鶸茶　175, 179
びんろうじぐろ　檳榔子黒　63, 125, 181, 199

ふかきき　深黄　25
ふかきくちなし　深支子　76
ふかきすおう　深蘇芳　37
ふかきはなだ　深縹　97, 113
ふかきむらさき　深紫　56
ふしいろ　柴色　87
ふじいろ　藤色　159
ふじいろすすたけ　藤色煤竹　61
ふじなんど　藤納戸　61
ふじねずみ　藤鼠　61, 87, 103, 127, 159, 163, 201
ふじむらさき　藤紫　163
ぶどうねず　葡萄鼠　91

べにひ　紅緋　28

マ行

みかんいろ　蜜柑色　76
みずいろ　水色　10, 13, 55, 68, 69, 165
みどり　緑、緑色
10, 12, 13, 19, 33, 52, 73, 79, 84, 108, 159, 169, 177, 179
みるいろ　海松色　167, 169, 171, 173, 175, 177, 179, 189
みるちゃ　海松茶　169, 177, 185
むらさき　紫、紫色
9, 10, 13, 18, 50, 56, 108, 159, 161, 163, 165, 202
むらさきねず　紫鼠　159, 185, 195, 197

もえぎ　萌黄、萌木、萌葱　65
もくらんじき　木蘭色　175
ももいろ　桃色　43, 161

ヤ行

やまぶきいろ　山吹色　59, 95, 161, 167

ワ行

わかくさいろ　若草色　65, 73, 77

〔染材名〕

ア行

あい　藍草、藍
23, 33, 39, 55, 63, 65, 69, 71, 73, 74, 75, 76, 77, 79, 95, 97, 101, 109, 113, 117, 123, 125, 142, 165, 167, 177
アカシアカテキュー　109, 111, 187, 189
あかね　茜草　27, 34, 79, 125, 161, 202
あかめがしわ　赤芽槲　34, 39, 65, 79, 93, 129, 175, 199
あけび　木通　167, 175, 179
あせび　馬酔木　185, 191, 197
あせんやく　阿仙薬　187, 189
アメリカせんだんぐさ　アメリカ栴檀草
101, 167, 173, 179
あらかし　粗樫　191, 193
あれちまつよいぐさ　荒地待宵草　91, 171, 175, 201
あんず　杏　25, 29, 41, 57, 81, 95, 181, 183, 193
アンナット　171

いたじい　椎　193, 201
いたどり　虎杖　175, 191, 197
いたやかえで　板屋楓　181, 191, 201
いちい　一位　31, 109, 159, 161, 181, 183
インドあい　印度藍　165
インドあかね　印度茜　84

うこん　鬱金　61, 70, 167
うしのしっぺい　牛の竹篦　47, 167, 173, 177
うつぎ　空木　79, 173, 179, 189
うめ　梅　34, 41, 79, 93, 113, 183, 189, 193
うわみずざくら　上溝桜　31, 163, 173, 183, 189

えのき　榎　169, 179, 189
えんじゅ　槐
25, 33, 34, 65, 73, 77, 79, 83, 95, 107, 109, 169, 173, 177

おうち　楝　171
おおあわだちそう　大泡立草　179
おおいぬたで　大犬蓼　175, 179
おおばひるぎ　185
おとこよもぎ　男艾　179
おにぐるみ　鬼胡桃　185
おひるぎ　雄蛭木　187, 201

カ行

かき　柿　191, 197
かし　樫　121
かしわ　槲　55, 191, 199
カッチ　187, 189, 201
かつら　桂　61, 175, 191, 195
かなむぐら　葎草　171, 173, 177
がまずみ　莢蒾　185, 191, 197
かまつか　鎌柄　29, 183, 195
かや　茅　177
からだいおう　唐大黄　175, 179, 189
かりやす　刈安　25, 34, 41, 51, 74, 101, 167, 173, 177
かるかや　刈萱　167, 177
かわやなぎ　川柳　173, 187, 195
かわらよもぎ　河原艾　169, 179
ガンビア　109, 187, 189, 201

きあい　木藍　165
きく　菊　179
ぎしぎし　羊蹄　191, 197
きはだ　黄檗　25, 28, 33, 72, 76, 167, 177

くさぎ　臭木　41, 55, 77, 95, 119, 121, 165, 193
くじゃくそう　孔雀草　171
くず　葛　52, 169, 177
くすのき　樟　59, 70, 77, 135, 181, 193
くちなし　梔子（支子）　59, 76, 167
くぬぎ　櫟　39, 55, 63, 71, 91, 111, 146, 193, 201
くましで　熊四手　41, 175, 195
くまのみずき　熊野水木　71, 144, 175, 191, 199
くらら　苦参　47, 73, 169, 173, 177
くり　栗　55, 175, 187, 189, 193
くるみ　胡桃　113, 173, 185, 189, 199
くわ　桑　48, 167, 173, 189

げっけいじゅ　月桂樹　95, 181, 185
けやき　欅　49, 119, 185, 195
ケルメス　84
ゲレップ　171
げんのしょうこ　現の証拠　55, 175, 191, 197

こうき　紅木　159, 163, 183
こせんだんぐさ　小栴檀草　75, 105, 167, 173, 179

コチニール　介殻虫　25, 28,
34, 43, 70, 72, 76, 77, 79, 85, 95, 131, 159, 163, 203, 204
こなら　木楢　125, 189, 193
ごばいし　五倍子
47, 61, 63, 103, 127, 131, 138, 159, 199
こぶなぐさ　小鮒草　藎草　25, 95, 167, 173, 177
こりやなぎ　行李柳　187, 195

サ行

さくら　桜　113, 119
ざくろ　石榴　63, 93, 107, 169, 173, 181, 189
さつまじい　薩摩椎　181, 185, 193
さとざくら　里桜　183, 193

しい　椎　193
しそ　紫蘇　159, 177
しゃりんばい　車輪梅　185, 195
しょうえんじ　生臙脂　161
しらかし　白樫　37, 41, 103, 191, 193
しろばなせんだんぐさ　白花栴檀草　173
しろやまぶき　白山吹　55, 181, 193
しんじゅ　神樹　91, 113, 171, 175, 195

すおう　蘇枋　25, 28, 31, 34, 37,
41, 50, 52, 53, 59, 63, 70, 79, 91, 129, 131, 136, 159, 161
すすき　芒　52, 167, 177
ずみ　桷　74, 169, 179, 185

せいたかあわだちそう　背高泡立草　75, 169, 179
せんだん　栴檀　73, 171, 177
せんじちゃ　煎じ茶　91

そよご　冬青　25, 65, 75, 109, 119, 163, 183

タ行

たであい　蓼藍　165
たぶのき　109
たまねぎ　玉葱　171, 173
たんがら　丹殻　187, 201

ちゃ　茶　189, 195
ちゃんちん　香椿　163, 173, 183
ちょうじ　丁子　175, 189
ちょうじた　丁子蓼　87, 159, 199

つるばみ　橡　191, 201

とだしば　戸田芝　167, 177
とちのき　橡、栃　39, 41, 55, 173, 181, 189, 197

ナ行

ながはぐさ　長葉草　52, 177
なぎなたがや　薙刀茅　51, 52, 61, 169, 177
なら　楢　55
なんきんはぜ　南京櫨　175, 199
なんてん　南天　51, 169
なんてんはぎ　南天萩　169, 177

にいし　丹石　105
にしきぎ　錦木　74, 173, 179
にっけい　肉桂　57, 65, 181, 185

ぬるで　白膠木　159, 199

ねむのき　合歓木　71, 73, 141, 169, 177

のいばら　野薔薇　175, 197

ハ行

はぎ　萩　165, 189, 197
はこねうつぎ　箱根空木　101, 171, 181, 191, 197
はぜのき　櫨　95, 175, 201
はなかいどう　花海棠　173, 179, 181
はなずおう　花蘇枋　191, 197
はなみずき　花水木　199
はなもつやく　花没薬　161
はまなし　浜梨　109, 183
ばら　薔薇　41, 121
はんのき　榛　34, 175, 187, 195

ひいらぎなんてん　柊南天　169, 177
ひさかき　柃　159, 165, 177, 193

ひめむかしよもぎ　姫昔艾　169, 179
びんろうじ　檳榔子　63, 125, 181, 199

ふくぎ　福木　25, 33, 107, 171, 177
ふじ　藤　125, 169, 173, 177
フスチック　黄木、富斯窒谷　171, 173, 179
ふたごひるき　双子蛭木　187, 189, 201
ぶなのき　橅　27, 181, 191, 195

べにがら　紅殻　105
べにのき　紅の木　171
べにばな　紅花
27, 28, 43, 59, 70, 76, 77, 95, 138, 161, 167, 202, 203

ボルネオてつぼく　ボルネオ鉄木　47, 48, 163

マ行

まてばしい　馬刀葉椎　129, 181, 185, 193
マリゴールド　59, 76, 171, 173, 179
まんじゅぎく　万寿菊　171, 173

みずき　水木　121, 175, 199
みつばあけび　三葉木通　175
ミロバラン　呵梨勒　167, 175

むくのき　椋　25, 34, 59, 65, 77, 109, 119, 173, 185
むつばあかね　六葉茜（西洋茜）　27, 127, 161
むらさき　紫草　50, 56, 159, 202, 204
むらさきしきぶ　紫式部　197

もちつつじ　餅躑躅　175, 191, 197
もっこく　木斛　87, 185, 195
もみじ　楓　187, 197

ヤ行

やしゃぶし　夜叉附子　矢車附子　93, 175, 191, 199
やぶかんぞう　薮萱草　61, 169, 179
やまあい　山藍　165, 177
やまうこぎ　山五加木　167, 175, 179
やまうるし　山漆　175, 201
やまざくら　山桜　183, 199
やまはぜ　山櫨　201
やまはんのき　山榛　171, 175, 181, 195
やまぼうし　山帽子　199
やまもも　楊梅　23, 25, 31, 34, 39, 41, 51, 52, 53, 61, 63, 75, 77, 79, 81, 85, 91, 93, 101, 105, 109, 125, 129, 131, 161, 167, 173, 179, 189, 199

よもぎ　艾　51, 169, 179

ラ行

ラック　紫鉱　84, 159, 161

りゅうきゅうあい　琉球藍　74, 165, 177

れんげつつじ　蓮華躑躅　191, 201

ロッグウッド　魯格烏特
34, 50, 73, 129, 131, 159, 199, 204

ワ行

われもこう　吾木香（吾亦紅）　171, 175, 201

後記

昭和47年に「草木染　日本の色」、52年に「草木染　型染の色」、ここに「草木染　日本の縞」を出版して、草木染三部作が成った。草木染の今までの手法のすべてがこの三部作にはある。しかし、以前にも記したように、これはすでに過去の手法でしかないかもしれない。これを土台にして、これからの草木染は生まれなければと思う。温故知新ももう古い言葉になってしまったかもしれないが、あくまでも古いものをもとにして新しいものが生れる。これはいつでも変らない原則である。

昭和のはじめの恐慌時代に養蚕県であった長野県の農民は、繭価下落のため苦しんでいた。当時、新進作家として東京にあった山崎斌は郷里の窮状を助ける一助にもなればと、副業としての紬織物の指導を思い立ったのである。しかし当時すでに手織はほとんど滅びてしまっていた。機は邪魔者あつかいされ、片付けられていたのである。亡びたものを復興することのむずかしさを身にしみて感じさせられたのであった。

それでも昭和4年暮近く、松本市に信濃手工芸伝習所を開き、近隣の町村の指導育成がはじめられた。糸を引くことからはじまり、織り上るまですべてが農家自身の手になる紬織物、それは多く縞であった。糸を染めるために周辺にある草木による昔ながらの染色が、老人の口碑をたよりに染めはじめられた。茶や鼠系統の色だけでは売物にならなかった。そこに藍建がはじまり、延喜式などの文献をたよりに、赤・紫などの派手な染色も出来たのである。

昭和5年12月に東京銀座資生堂の二階で初めての展示会、「草木染手織紬復興展覧会」が開かれた。この時合成染料との区別のために、「草木染」が命名されたのである。昭和7年には商標登録をしている。

長野県の補助によって各地に講習、講演会が開かれ、東京・大阪など各地での展示会も催された。そして県下にいくつかの生産組合が作られたのである。ここに副業としての信州紬が復興された。昭和10年の長野県副業課の調査によると、その年の紬織物の副業収入が40万円になったという。しかしだんだん草木染の面倒さを嫌った農民の間では秘かに合成染料を用いて、草木染を詐称する織物が出来はじめていた。

志と違った結果になった山崎斌は伝習所を東京に移した。その後も少数の人達と共に草木染による紬織物の生産をつづけていたが、第二次大戦によってそれも中止せざるを得なくなった。

しかし、この大戦による衣料不足が思いがけない結果にもなった。全国各地に蔵深くしまい込まれていた機が再び出されて、自給自足の布が織られるようになったのである。繭から糸が引かれ、真綿からは糸が紡がれた。老人の記憶によって草木による染色もなされたのである。

昭和38年に文化庁では、民俗資料緊急調査を全国にわたって行った。「麻・藤・楮などの繊維で布を織ったことがあるか、草木の類を染料に使ったことがあるか」の2項目の調査である。戦争によってよみがえった記憶がここに報告されている。このような調査について見ると、面白い調査が過去にもあった。それは大正4年発行の森林植物食用並特殊用途調査書（農商務省山林局編）である。つづいて5年、また7年にも調査書は発表されている。それには多数の染料植物が報告されている。第一次大戦によって、ドイツ染料の輸入が出来なくなっての調査と思われるが、このことが植物学者などによる植物染料の研究のきっかけになったことを考えると、不思議な因縁を感じさせる。

戦後文化国家として新たな誕生となった日本で、伝統の織物の復興が各地でなされた。中には新しく作り出された織物もある。そして植物染料による織物も再び織られるようになった。

近年特にその傾向が強くなり、各地の産地

が植物染料による量産を計画するようになってきたが、このことはいろいろと大きな問題をかかえている。元来、農山村で手織された織物は、子のため孫のため末よかれと思って、心をこめて染め、そして織られたものである。そこには染める人の、また織る人によってもそれぞれ違った風合いのものが生まれた。それが手織の生命である。

草木染にも同じことがいえる。草木染はあくまでも草木染でなければならない。昔の人の心を持ちつづけて染められたものでなければ、草木染としての価値も失われる。草木染の手織物の色がよいとか、風合がよいとかいわれているが、これは草木染だから、手織だからというものではなく、これには作る人の心がこめられているから、深みのあるまた暖かみのある、心に伝わるものを持っているわけである。ただ単に形だけをそうしたところで決して心にふれる織物は生まれてはこない。手織の良さは見直されたが、その手織で量産の形体を作ろうとして、現在の手織は昔ながらの手織ではなくなっている。いわゆるバッタンというようなもので織るならば、かえって織機を改造して手織の風合を出した方がよいかもしれない。

柳悦孝氏はある講演会の中で「手織のよさを織機に加えること。たとえば緯糸を手織のように糸にたるみを持たせて織る、緯糸を斜めに入れて打ち込むようなことも織機をちょっと改造すれば出来るはずである。このような手織の良さを織機に加えることで、はるかに風合のよい地風の織物が出来るはずである、能率のことだけ考えていては決して良いものは出来ない。」というようなことを話されていた。このような考え方が今後の織物業界を左右することかもしれない。手織のよさは、経糸のたるみ、緯糸のたるみによって糸に無理をしないことにある。

草木染が単に色相だけのものならば、生涯をかけての仕事にはしなかったかもしれない。草木染には草木染の色の美しさがあるように、合成染料には合成染料の色としての美しさがある。また現代の化学をして出そうと思えば、草木染の色合いなどは出せるはずのものである。

草木染の最大の問題は、その染料が糸質を傷めないこと、また身につけて身体のためによいということにある。最近、化学者の中にもこのようなことを調べて見たいという機運がでてきている。

本書には縞の基本形を収録した。江戸時代にも変り縞があるように、基本の縞からは果しない拡がりがある。限りない縞の世界である。私共で現在手織している様式は、今日とすればもっとも古い形式に属するかもしれないが、この昔ながらの手織の様式が、手織の風合を維持するには必要なのである。綜絖一つにしても一回毎にかけかえるかけ綜絖は、一寸考えると無駄な手間をかけているようであるが、この不同の一糸一糸にかけられる綜絖が、手織の地風を生む一つの要素であるようにも考えられる。この昔ながらの手織を私共ではつづけている。いつかこの様式がよりよい織機を生むための参考になればと思って残しているわけである。

草木染にしても同じことがいえる。滅びてしまっては何一つわからなくなる。未来のために先祖の遺産を正しく伝える事がより重大なことだと思うからである。

本書の執筆にあたって先輩諸先生の著書を参考にさせていただき、また引用させていただいた。深く感謝する次第である。

最後に本書に貼布した織帛の製作に協力した人達の名前を記して記念としたい。糸染　篠崎節・山岸正子・武井しま子・柄沢トモ子・新井康代・大竹陽子・清水永子・中島知子・浜岸治。手織　宮沢兵郎・宮沢かねを・宮沢重忠・宮入千代・小林等・堀内はな・坂口登志・市村初男。

昭和55年春日　　著者

（原文のまま掲載）

山崎青樹　やまざきせいじゅ

1923年、東京都渋谷区生まれ。日本画家、染色工芸家。
1937年、日本画家・野田九浦に師事。1946年、小説家であり、「草木染」の命名者であり、手染め手織りの復興に努めた父・斌《あきら》とともに、長野県佐久市に「月明手工芸指導所」を設立、和紙製造に従事する。1948年、同所に草木染研究所を併設。1956年、研究所を高崎市に移転。1960年代から「草木染手織紬展」や「草木染染織展」などを開催。その後、2007年まで個展を多数開催。1970年代には、染料植物研究のため、沖縄をはじめとする日本国内のほか、インド、メキシコ、グアテマラ、タイ、シンガポールへ渡航。1986年、若葉による緑染を発見。1995年、フランス・トゥールーズで開催された「国際ウオード・インディゴ会議」で緑染を発表。2010年、86歳で逝去。

草木染　日本の縞

発行日
1980年5月30日　初版
2014年2月20日　新装版　初版

著者　山崎青樹ⓒ

発行人　大下健太郎
新装版編集　杉本多恵
　　　　　　來嶋路子、保田美樹子（美術出版社）
新装版アートディレクション　セキユリヲ（ea）、樋笠彰子
撮影　石曽根史行（原版）
　　　masaco（新装版）

発行所　株式会社美術出版社
〒101-8417　東京都千代田区神田神保町3-2-3 神保町プレイス9F
03-3234-2153（営業）
03-3234-2173（編集）
振替　00150-9-166700
http://www.bijutsu.co.jp/bss/

印刷・製本　図書印刷株式会社

＊新装版に際し、新規図版を加え、装幀とレイアウトを大幅に改訂した。

ISBN978-4-568-30082-6 C3071